La
BIBLIA MUY CORTA

La Historia Condensada del
Antiguo y Nuevo Testamento

Condensado, organizado, y explicado por
Peter J. Bylsma

BYBLIO
PRESS
Inspire, Inform,
and Transform

Byblio Press
11410 NE 124th St., #260
Kirkland, WA 98034 EE. UU.
1-321-425-5757
www.bybliopress.com
www.shortbible.com
www.labibliacorta.com

Información para realizar pedidos: este libro se puede solicitar comunicándose con el editor en la dirección indicada anteriormente. Hay descuentos especiales disponibles en compras por cantidad realizadas por corporaciones, asociaciones y otros. Para obtener más información, comuníquese con el editor en la dirección anterior.

Las opiniones expresadas en este trabajo son únicamente las del autor y no reflejan necesariamente las opiniones del editor, y el editor por la presente renuncia a cualquier responsabilidad por ellas. Mapas creados por David C. Hoerlein.

Tapa blanda: 978-1-964060-19-4
Libro electonico: 978-1-964060-20-0

Número de control de la Biblioteca del Congreso: 2024909943

DIVULGACIÓN

Este libro no es la Biblia. Es un breve y útil resumen de la Biblia y sus principales historias y temas, y ha sido condensado y explicado por el autor. Después de leer este libro, es posible que los lectores quieran leer la Biblia íntegra o resúmen más extenso de la Biblia (*La Biblia Corta*) para obtener una comprensión más profunda de toda la historia.

CONTENIDO

APÉNDICES

PREFACIO

Comencé a escribir *La Biblia Corta* en 2020 cuando comenzó la pandemia de COVID-19. Me iba a jubilar, pero quería usar mis habilidades y mi tiempo para marcar la diferencia en el mundo. Una de mis habilidades era estudiar temas complicados y comunicarlos en términos simples y claros a lectores ocupados. Había publicado muchos informes y libros, pero no había escrito ningún libro como ciudadano privado. Había leído y estudiado la Biblia durante más de 55 años, pero me frustraba lo larga y complicada que era. Como resultado, muchas personas que quieren leer la Biblia entera no la terminan. Entonces decidí resumir la Biblia para que la historia y sus mensajes principales quedaran claros para todos los públicos.

Después de la publicación de *La Biblia Corta* en 2021, quedó claro que también se necesitaba un resumen *muy corta* de toda la Biblia. Esta versión se puede leer en 1 o 2 días y explica los mensajes esenciales de la Biblia a quienes nunca la han leído. Con suerte, este libro incitará a los lectores a leer *La Biblia Corta* (ya sea la versión completa o simplificada) y tal vez la Biblia misma para obtener información sobre el libro más leído de toda la historia.

Al igual que con los otros libros de esta serie, todas las ganancias de la venta de este libro se canalizarán a través de la Fundación Bylsma a organizaciones sin fines de lucro que ayudan a las personas necesitadas, promueven la justicia en el mundo, buscan y difunden la verdad, ayudan a otros a comprender la historia y significado de la Biblia, y animar a quienes necesitan buenas noticias.

Dr. Peter J. Bylsma
Enero 2024

INTRODUCCIÓN

La Santa Biblia es una colección de 66 documentos antiguos escritos por muchos autores durante un período de 2000 años. Los líderes de la iglesia los compilaron en un libro a finales del siglo IV y luego los tradujeron al latín a partir del texto original hebreo y griego. Los documentos, o "libros", no estaban ordenados cronológicamente. (El Apéndice A tiene los nombres de los libros en el orden en que aparecen en la Biblia).

Algunos de los libros son bastante extensos, mientras que otros tienen sólo unos pocos párrafos. Fueron divididos en capítulos y versículos para que los lectores puedan encontrar fácilmente pasajes específicos. Hay más de 1.100 capítulos en toda la Biblia y se necesitarían más de 2.000 páginas para publicarla en el formato de un libro moderno.

La Biblia tiene dos partes. El Antiguo Testamento tiene 39 libros y abarca unos 1.500 años de la historia de los israelitas. El Nuevo Testamento tiene 27 libros y cubre acontecimientos del primer siglo en Palestina y en la región oriental del Mar Mediterráneo.

A lo largo de los siglos se escribieron varias versiones de la Biblia. Una versión inglesa muy temprana fue creada a principios del siglo XVII por eruditos religiosos que trabajaban para el rey James de Inglaterra. Luego, la Biblia se tradujo a muchos otros idiomas y ahora existen muchas versiones de la Biblia, incluidas versiones parafraseadas que son fáciles de leer.

Los libros de la Biblia reflejan varios tipos de literatura. Estos incluyen narrativas sobre varios héroes, relatos históricos, presentaciones legales, biografías, genealogías e información censal, poesía, literatura sapiencial y refranes, colecciones de cuentos, parábolas, cartas inspiradoras y predicciones altamente simbólicas sobre el futuro. Las historias suelen tener un rico simbolismo y el diálogo se mezcla con una narración. La agricultura era la ocupación principal en ese momento, por lo que hay muchas referencias y metáforas que utilizan términos agrícolas. Si bien el contenido de la Biblia a veces carece de detalles que el lector podría querer saber, algunas secciones incluyen muchos detalles, algunos de los cuales no son importantes.

La Biblia es un libro serio que tiene poco humor o romance. Hay muchas partes tristes, pero también muchos héroes y victorias. Pero, en última instancia, la Biblia es una historia de amor larga y compleja. Este amor no es físico, emocional o sentimental. Más bien, es el tipo de amor que siempre apoya, defiende y se sacrifica por los demás y busca constantemente lo que es correcto y mejor para el mundo. La Biblia describe a un Dios amoroso y perdonador que desea una relación con los seres humanos en un mundo donde el bien y el mal coexisten.

El término hebreo *Dios* es un sustantivo plural que describe una fuerza poderosa o "persona" que tiene diferentes formas, similar a cómo el H_2O tiene tres formas (agua, vapor, hielo). El término *Señor* también se usa como palabra para Dios, que tiene formas humanas y espirituales.

Los diferentes términos para Dios fueron escritos en forma masculina (*él, su, él, Padre*). Sin embargo, Dios no es una deidad masculina y no es ni masculino ni femenino. Dios es multidimensional y creó tanto a hombres como a mujeres a su "imagen". Los seres humanos somos únicos porque poseemos un alma, podemos distinguir entre el bien y el mal, tenemos conciencia de nosotros mismos y de nuestro entorno, podemos tener relaciones significativas con Dios y los demás, y podemos amar a los demás de manera sacrificial. La Biblia insta a todos a aprender de sus historias y enseñanzas y quiere que la gente siga esta forma de vida.

Dios usa muchas estrategias y tácticas diferentes para alcanzar el objetivo general de mostrarle al mundo cómo vivir. Muchos personajes de la Biblia hablan por Dios y algunos de ellos actúan y hablan de maneras inusuales. Si bien la naturaleza intrínsecamente buena y amorosa de Dios no cambia, los métodos de Dios para operar en este mundo son a menudo impredecibles.

Dios también usa diferentes métodos para comunicarse con los humanos. La asombrosa belleza del universo, sus ciclos predecibles y "Las leyes de la naturaleza" han inspirado a la gente a ver un mundo que no está diseñado al azar. Dios se comunica usando un "espíritu" que influye en la mente y las emociones humanas y proporciona dirección a los humanos sobre sus decisiones morales. Cuando los humanos se toman el tiempo para escuchar y buscar dirección, la comunicación puede ocurrir a través de ideas y una "voz" en la mente. A veces las comunicaciones son más directas: a través de sueños, visiones o mensajes de "santos extraños" (ángeles). En raras ocasiones, Dios altera las leyes normales de la naturaleza para intervenir directamente en las actividades humanas, lo que a menudo provoca que ocurran eventos naturales raros en momentos estratégicos. Estos eventos se llaman "milagros". A veces los humanos son inspirados por el Espíritu para hablar las palabras de Dios de maneras extraordinarias, y los creyentes brindan consejos piadosos y reprenden a otros usando sus "dones espirituales". La Biblia misma proporciona orientación sobre los caminos y pensamientos de Dios. Finalmente, Dios tomó forma humana y vivió en la tierra, dándonos un ejemplo concreto de cómo debemos vivir y amar a los demás.

Interpretar la Biblia puede ser un desafío. A veces el autor de un libro no explica lo que escribió porque la gente de esa época entendía el contexto. A veces, se escriben orientaciones específicas para personas que se encuentran en un lugar y en un momento determinado, y esas orientaciones no se aplican a quienes viven en otros contextos. Finalmente, no todo lo que se escribió es literalmente cierto. Algunos autores utilizaron alegorías, metáforas, exageraciones y parábolas para transmitir sus mensajes, y sus audiencias sabían que no debían tomarse literalmente ni informar hechos históricos.

Temas principales

La colección de escritos tiene un comienzo distinto que avanza progresivamente hasta una conclusión. Ningún documento cuenta la historia completa, pero juntos tienen muchos temas comunes con una trama que se centra en la naturaleza de Dios y el conflicto invisible entre las fuerzas espirituales del bien y del mal en el mundo. Estos son los principales temas unificadores que van desde el principio hasta el final.

- El mundo tiene dos planos de realidad: un mundo físico que se puede ver y medir, y un mundo espiritual invisible que no se puede medir.
- Las fuerzas invisibles tienen poderes inusuales. Algunas fuerzas tienen motivos buenos y amorosos, pero otras tienen motivos malos que destruyen lo que es bueno.
- Sólo hay un Dios verdadero y supremo, que tiene diferentes formas.
- Hay vida después de la muerte física, y la calidad de la vida después de la muerte depende de la decisión de Dios con respecto a la vida que lleva una persona. La naturaleza misericordiosa y perdonadora de Dios da esperanza de que todos puedan entrar en una vida maravillosa después de la muerte.
- Dios es bueno, justo, misericordioso, perdonador y amoroso. Dios quiere que vivamos una vida plena y nos da mucho más de lo que merecemos (gracia).
- Dios usa a las personas para mostrarle al mundo cómo deben ser la vida y las relaciones en la tierra. Dios primero obró a través de individuos y luego a través de una tribu especial de personas (los israelitas). Varias personas le recordaron a la tribu cómo debían vivir y, finalmente, personas de todo el mundo fueron elegidas para ser el pueblo de Dios. Estas personas deben exhibir cualidades específicas que las distingan de los demás: deben ser conocidas por su amor a los demás y por brindar justicia en la sociedad.

- Dios quiere tener una relación significativa con todas las personas sin importar sus acciones, creencias, género, tribu, raza, edad o lugar de nacimiento.
- Hay formas correctas e incorrectas de vivir, cosas que hacer y cosas que evitar. La obediencia a los principios y la guía de Dios nos ayuda a superar las luchas de la vida. No seguir estos principios puede resultar en luchas severas.
- El pueblo de Dios a menudo deja de vivir de la manera correcta. Como resultado, sufren las consecuencias que les trae mucho dolor.
- Se necesita alguna forma de ofrenda o sacrificio para restaurar una relación rota. La sangre, que simboliza la vida, se utilizó en ofrendas y sacrificios para reconocer que no cumplimos con las expectativas y que debemos renunciar a nuestros propios intereses para hacer las cosas bien.
- La vida es impredecible y, a menudo, injusta. Nuestros planes se ven interrumpidos por acontecimientos inesperados fuera de nuestro control. En un mundo en el que hay tanto el bien como el mal, la gente buena puede sufrir y la gente mala puede prosperar. La fidelidad a Dios y nuestra respuesta a nuestras circunstancias es lo que más importa. El amor y el perdón ilimitados de Dios son regalos para todas las personas, aunque no los merezcamos.
- Dios está muy preocupado por la justicia y por los desfavorecidos. Dios está especialmente preocupado por ayudar a los extranjeros y a los enfermos, los pobres, los abandonados, los abatidos y los marginados. Los actos de servicio, compasión y sacrificio por estos grupos proporcionan evidencia de un carácter semejante a Dios.
- Existe una tensión en cómo vivimos nuestras vidas en la tierra. No debemos conformarnos a los caminos de un mundo impío, pero se nos pide que sirvamos a otros en ese mundo.

- Los principios y la guía de Dios a menudo contradicen los valores y prioridades prevalecientes en el mundo. Algunas enseñanzas bíblicas son muy inusuales y no fáciles de seguir.

Contenido de este libro

Este libro tiene tres secciones. La parte 1 resume el Antiguo Testamento, y el capítulo 7 describe libros únicos que no encajan en un relato cronológico de la historia antigua del pueblo de Dios. La parte 2 resume el Nuevo Testamento. Al final del libro aparece información adicional, incluidos varios apéndices.

Este libro resume las principales historias y lecciones que se encuentran en la Biblia en el orden en que ocurrieron los eventos (la Biblia no estaba organizada en orden cronológico). Se proporciona más información para aclarar el texto y explicar el contexto y significado de las historias. Finalmente, las palabras de Jesús aparecen en texto rojo en las versiones en color de este libro.

PARTE 1

EL
ANTIGUO
TESTAMENTO

1
LAS PROMESAS DE DIOS Y LA VIDA EN EGIPTO

El principio

Antes de que comenzara el tiempo o existiera algo, un Dios multidimensional estaba presente en el universo. Este Dios era todopoderoso, existía en todas partes y lo sabía todo. El carácter de Dios era enteramente bueno, perdonador, servicial y bondadoso. Dios estaba creando constantemente: ángeles para adorar al creador y ayudar en la obra de Dios, luego creo luz, y luego un mundo físico compuesto por una extraordinaria cantidad de estrellas y planetas. En un planeta único, Dios creó aguas y tierras secas que eventualmente produjeron organismos vivos.

Todo estaba bien, pero en algún momento, algunos ángeles quisieron el poder de Dios para sí y se rebelaron, provocando que el mal entrara al universo. Todo lo que era bueno ahora existe junto a fuerzas corruptas que luchan contra lo que es bueno.

Luego Dios hizo la creación más importante: los seres humanos que eran únicos en ese planeta único. Dios quería interactuar con ellos, por eso les dio algunas de las mismas cualidades de Dios: creativos, con necesidad de relacionarse con los demás, capaces de distinguir entre el bien y el mal, capaces de amar a los demás sin ninguna condición y dispuestos a poner en riesgo los derechos de los demás. intereses antes que los propios. Las dos "imágenes humanas de Dios", masculina y femenina, debían unirse y producir

3

hijos para que la raza humana creciera. Dios les dio a los humanos (personas) el planeta entero y todos sus seres vivos para que lo disfrutaran. Las personas debían cuidar el planeta y obedecer ciertas reglas para ayudarlos a ser autosuficientes y mantener la armonía entre sí.

Adán y Eva

Las primeras personas conocidas se llamaron Adán y Eva y vivían en un jardín llamado Edén. Tenían una relación abstracta con Dios y una conciencia general de lo que debían hacer en la tierra. Finalmente, el ángel malvado líder conocido como Satanás se infiltró en su conciencia, creyeron las mentiras del ángel y no siguieron las reglas que Dios les dio. Esta desobediencia y egoísmo infectaron el espíritu humano con una enfermedad invisible llamada "pecado" que coexistía con su naturaleza invisible de bondad. Adán y Eva se dieron cuenta de que había consecuencias negativas cuando desobedecían las reglas de Dios sobre cómo vivir.

Dios permitió que existiera el mal; eliminar todo mal significaría matar también a todas las personas. Así que ahora vivimos en un mundo donde Dios lucha contra Satanás y otras fuerzas del mal hasta que un lado finalmente gana la guerra.

Nadie sabe cuándo, dónde o cómo sucedieron todos estos hechos. Lo que sí sabemos es que (1) una fuerza buena creó el universo y todas las cosas que hay en él, (2) los humanos toman decisiones que pueden ser buenas o malas, y (3) Dios revela constantemente los beneficios de elegir el bien. Dios ayuda a las personas a pensar y actuar de buena manera y, a veces, toma medidas directas para oponerse al mal a fin de que las personas disfruten de una vida mejor y de relaciones significativas con Dios y los demás. Sin embargo, las fuerzas del mal todavía existen y quieren perturbar el bien. La mayoría de las veces, las influencias del bien y del mal aparecen en las acciones de los individuos, las organizaciones y la forma en que las personas viven juntas.

Noé

Adán y Eva finalmente tuvieron dos hijos. El hermano mayor (Caín) mató a su hermano menor (Abel) por celos. Después de que Caín fue expulsado de la familia, la pareja tuvo más hijos, quienes luego tuvieron sus propios hijos. Con el tiempo, hubo miles de personas viviendo en la Tierra.

No había una expresión concreta de cómo se suponía que debía vivir la gente, por lo que a medida que la población humana crecía, la vida se volvía cada vez más violenta y corrupta. De hecho, había tanta maldad en el mundo que Dios decidió comenzar de nuevo los reinos animales. Dios hizo que Noé, un buen hombre con una buena familia, construyera un barco grande (un arca) que pudiera albergar a su familia y a un pequeño número de todas las especies animales conocidas. Cuando el barco estuvo terminado, Dios hizo que cayesen fuertes lluvias que duraron mucho tiempo. Esto provocó una inundación masiva y aguas muy altas que ahogaron a todas las personas y animales que quedaron atrás.

Después de que cesó la lluvia y bajó el nivel del agua, las plantas quedaron expuestas y comenzaron a crecer nuevamente. El barco se detuvo en un terreno elevado, y todos los animales y miembros de la familia abandonaron el arca y comenzaron a reproducirse nuevamente. Noé hizo una ofrenda de gracias a un Dios que no conocía. Apareció un arco iris, señal de que Dios nunca destruiría todo mal en la tierra.

Abraham y Sara

Hace unos 4.000 años, Dios decidió crear un ejemplo concreto para mostrar a la gente cómo vivir en la tierra. Dios le dijo a un hombre llamado Abram que trasladara a su familia de Ur (en el suroeste de Irak) a Canaán, un área que ahora se llama Palestina. Abram obedeció a Dios y trasladó su casa 1.000 millas hasta Canaán. Dios consideró su obediencia como una señal de justicia (vida santa) y cambió su nombre por el de Abraham; su esposa Sarai se convirtió en Sara. (Vea su ruta en el Mapa 1 en el Apéndice E.)

Dios le dijo a Abram que él lideraría una tribu de personas que actuarían de manera que mostraran a otros cómo los humanos deberían vivir en el mundo. Los miembros de su familia y sus descendientes debían obedecer los mandamientos de Dios y tratar a los demás con justicia. Dios le hizo una promesa a Abram: "Haré de ti una gran nación y te bendeciré. Seréis una bendición y todas las familias de la tierra serán benditas".

Dios finalmente cambió la promesa a Abraham por un acuerdo mutuo ("pacto"). Los descendientes de Abraham serían muy fructíferos y gobernarían la región mientras confiaran y obedecieran a Dios. Como señal del acuerdo, todos los descendientes varones de Abraham debían ser circuncidados. Esto también se aplicaba a sus sirvientes y esclavos de otras tribus. Esto distinguiría a los que seguían a su Dios de todos los demás.

Pero Sara no pudo quedar embarazada, lo que hizo imposible que Abraham tuviera descendencia. Ella le dijo que tuviera un hijo con Agar, su sierva de Egipto. Agar tuvo un niño y Sara estaba muy celosa y quería tener un hijo propio. Ella trató con dureza tanto a Agar como al niño, lo que los obligó a abandonar su casa y marcharse al desierto. Un ángel le dijo a Agar que el nombre del niño sería Ismael y que sus descendientes se establecerían en el este y también serían innumerables como las estrellas.

Cuando Sara ya había pasado la edad de tener hijos, un ángel les dijo a ella y a Abraham que tendrían un hijo. Ambos se rieron de la idea, pero Dios dijo que un niño nacería en un año y debería llamarse Isaac ("hijo de la promesa").

Después del nacimiento de Isaac y cuando aún era un niño, Dios puso a prueba la fe de Abraham diciéndole que sacrificara a Isaac como ofrenda en una montaña distante. Abraham e Isaac viajaron a la montaña y mientras subían, Isaac le preguntó a su padre dónde estaba el cordero que sería quemado como ofrenda. Abraham dijo que Dios proporcionaría el cordero. Abraham construyó un altar y dispuso la leña; Luego ató a Isaac y lo puso sobre la leña del altar.

Cuando Abraham estaba a punto de matar a Isaac, escuchó una voz que decía: "No mates al niño. Como estás dispuesto a matar a tu único hijo por mí, sé que me obedecerás". Entonces Abraham vio un macho cabrío en un arbusto y lo usó como ofrenda en lugar de Isaac. La voz continuó: "Porque me obedeciste, te bendeciré y multiplicaré tu descendencia para que sea como las estrellas en el cielo y la arena a la orilla del mar. Todas las naciones de la tierra serán bendecidas a través de tu descendencia".

Isaac y Rebeca

Isaac creció y se casó con una pariente llamada Rebeca, una mujer hermosa y honesta que tenía un espíritu amable y era amable con los extraños. Isaac y Rebeca finalmente tuvieron gemelos. El primer bebé, Esaú, estaba cubierto de pelo rojo y era el hijo favorito de Isaac. El segundo bebé, Jacob, tenía el pelo liso y era el favorito de Rebeca.

A medida que los dos niños crecieron, Esaú le cambió los beneficios que tenía como primogénito a Jacob a cambio de algo de comida. Cuando Isaac estaba muriendo y casi ciego, Rebeca y Jacob lo engañaron para que bendijera a Jacob en lugar de a Esaú. Isaac le dijo a Jacob: "Que Dios te dé buena tierra y mucho grano y vino. Que los pueblos y las naciones te sirvan. Los que te bendigan serán benditos y los que te maldigan serán maldecidos".

Cuando Esaú descubrió que Jacob había engañado a Isaac, Esaú se molestó mucho y quiso matar a Jacob, quien huyó a Harán, una ciudad importante a unas 500 millas al norte. Jacob tuvo un sueño que su descendencia se extendería en todas direcciones y que a través de su descendencia serían bendecidas todas las familias de la tierra. Este fue el mismo mensaje que Dios les dio a Abraham e Isaac.

Jacob y su familia

Jacob conoció a su prima Raquel en Harán y quiso casarse con ella (ella era hija de Labán, el hermano de Rebeca). Jacob aceptó trabajar para Labán durante siete años para pagarle. Después de trabajar siete años, Labán le dijo que tenía otra hija, Lea, que era mayor (y menos atractiva), y que ella tenía que casarse primero. Entonces Jacob se casó con Lea y Raquel y trabajó para Labán otros siete años.

Jacob formó su familia con las dos esposas. Lea tuvo cuatro hijos: Rubén, Simeón, Leví y Judá. Rachel no pudo tener hijos, lo que provocó más tensión entre las dos esposas. Raquel estaba celosa de Lea y quería tener sus propios hijos. Ella accedió a permitir que Jacob tuviera a su sierva Bilha como otra esposa para tener hijos que serían considerados sus propios descendientes. Bilha tuvo dos hijos, Dan y Neftalí.

Mientras Lea veía crecer la familia de Raquel, decidió darle a Jacob su sierva, Zilpa, como esposa. Zilpa tuvo dos hijos, Gad y Aser. Luego Lea tuvo dos hijos más, Isacar y Zabulón, y una hija, Dina. Finalmente, después de todos los años de no poder tener un hijo, Raquel tuvo un embarazo sorpresa y dio a luz a un hijo llamado José.

Después de que Jacob saldó la deuda de sus dos esposas, trabajó para Labán durante seis años más y ambas familias prosperaron. Luego, Jacob regresó a Canaán con su familia extensa para hacerse cargo de la propiedad de Isaac y administrar su propio negocio. Había tenido mucho éxito criando cientos de animales sanos y se los llevó consigo.

Mientras Jacob viajaba hacia Canaán, envió mensajes a Esaú para decirle que regresaría a casa y compartiría su riqueza con él. Esaú fue al encuentro de la caravana de Jacob y Jacob le envió algunos animales como regalo para hacer feliz a Esaú. Jacob esperaba que Esaú todavía estuviera enojado y quisiera matarlo, pero cuando llegó Esaú, los dos hermanos se abrazaron y lloraron uno en brazos del otro. Esaú regresó a su hogar en Edom y Jacob continuó viajando hacia el sur, hacia Canaán.

Raquel murió mientras daba a luz a otro hijo, Benjamín. Entonces Jacob tuvo doce hijos y una hija: Rubén, Simeón, Leví, Judá, Isacar, Zabulón, Dina, Dan, Neftalí, Gad, Aser, José y Benjamín. Jacob también tomó el nombre de Israel después de pelear con un ángel durante su viaje.

Crisis familiares y traslado a Egipto

Jacob amaba a José más que a todos sus hijos y le hizo una túnica de muchos colores. José le contaba a Jacob las cosas malas que habían hecho sus hermanos y ellos llegaron a odiarlo. Cuando José fue enviado a ver a sus hermanos que estaban cuidando animales lejos de casa, los hermanos lo arrojaron a un hoyo y lo vendieron a comerciantes que viajaban a Egipto. Cubrieron la túnica de José con sangre de animal y se la llevaron a Jacob, diciendo que lo había matado un animal salvaje. Jacob se puso tan triste que lloró constantemente durante semanas.

Los comerciantes vendieron a José a Potifar, el líder de los que custodiaban al rey egipcio (Faraón). José era tan inteligente que Potifar lo puso a cargo de todo en su casa. José también era joven y guapo, y la esposa de Potifar intentó muchas veces que él la amara, pero José se resistió. Un día, cuando solo José y su esposa estaban en casa, la esposa trató de abrazarlo, pero José salió corriendo de la casa. Para vengarse, la esposa le dijo a Potifar que José la había atacado, pero huyó cuando ella gritó. Potifar luego metió a José en prisión.

José se convirtió en líder en prisión. Interpretó los sueños de algunos de los prisioneros y los acontecimientos que predijo se hicieron realidad. Un prisionero conocía bien al rey y se enteró de todo lo que le sucedió a José. Cuando el hombre salió de la prisión y volvió a servir al rey, le dijo a Faraón que José podía interpretar sueños. Cuando Faraón tuvo sueños que no podía entender, hizo que José se los explicara. José dijo que él era simplemente un portavoz de su Dios, quien era el verdadero intérprete.

José le dijo a Faraón que los sueños predecían siete años de muy buenas cosechas, pero luego siete años de hambruna severa. José sugirió que Faraón contratara a alguien sabio para crear un sistema para almacenar alimentos adicionales durante los años de abundancia para que los alimentos pudieran usarse durante los años de hambruna.

A Faraón le gustó la idea y vio que José tenía la sabiduría dada por Dios. El faraón puso a José, un extranjero que en ese momento solo tenía 30 años, a cargo de todo el reino egipcio; solo el faraón tenía una posición más alta. José llevó a cabo el plan de almacenar alimentos para la hambruna venidera durante los siete años de buenas cosechas. Mientras esto sucedía, José formó una familia con su esposa egipcia y tuvo dos hijos, Manasés y Efraín.

El hambre lleva a los israelitas a Egipto

La hambruna afectó a toda la región y el grano fue lo único que creció. Jacob envió a 10 de sus hijos a Egipto a buscar grano, mientras Benjamín se quedó atrás. Cuando llegaron los hermanos, fueron a comprar grano a José, porque él estaba a cargo de todos los alimentos en Egipto. Pero los hermanos de José no lo reconocieron porque se disfrazó cuando los vio venir y porque todos pensaron que estaba muerto.

José los acusó de ser espías y les preguntó por su familia. Dijeron que su padre y un hermano todavía vivían en Canaán. Luego, José les vendió grano y les dio provisiones para llevarlos de regreso a Canaán. Pero él quería que regresaran con Benjamín la próxima vez que vinieran a Egipto.

Jacob les dijo a todos sus hijos que fueran a Egipto a comprar más grano cuando se acabara todo. Le presentaron a Benjamín a José, quien estaba tan abrumado por la emoción que tuvo que salir de la habitación para ocultar sus lágrimas. Regresó y luego les dio a todos una increíble cantidad de comida.

José finalmente les contó a sus 11 hermanos su verdadera identidad y dijo:

> Soy tu hermano José. Me vendiste a unos hombres que iban a Egipto. No estén tristes ni enojados con ustedes

mismos; fue Dios quien me envió delante de ti para preservar tu vida. La hambruna ha durado dos años y aún le quedan cinco. Dios me envió delante de ustedes para preservarlos como remanente en la tierra y mantenerlos con vida. No fueron ustedes los que me enviaron aquí, sino Dios, que me hizo como un padre para el Faraón, señor de toda su casa y gobernante de toda la tierra de Egipto. Vayan y díganle a nuestro padre que estoy vivo y que todos ustedes vivirán cerca de mí aquí en Egipto.

Jacob trajo a toda su familia extendida y todas sus pertenencias y animales a Egipto, donde se establecieron en las mejores tierras del delta del río Nilo. José proporcionó comida para todas las familias.

Los israelitas sufren en Egipto

La tribu de Jacob y sus descendientes fueron llamados israelitas y hablaban el idioma hebreo. Prosperaron y aumentaron en número después de la muerte de José y sus hermanos. Pero al nuevo faraón no le importaba lo que José había hecho y se dio cuenta de que los israelitas superaban en número a los egipcios. Decidió esclavizar a los israelitas y los hizo trabajar en el campo y construir las ciudades de Egipto. Cuando la población israelita siguió creciendo, el faraón ordenó a las nodrizas egipcias que mataran a todos sus bebés varones. Los israelitas sufrieron dificultades extremas y clamaron a su Dios.

Moisés nace y luego habla con Dios

Una familia israelita tuvo un bebé en esa época. Tenían miedo de que los egipcios lo mataran, así que lo pusieron en una canasta y la empujaron entre las plantas que crecían a la orilla del río Nilo.

La hija del faraón vio la canasta y la recuperó. Se dio cuenta de que en él había un bebé israelita y lo adoptó como su propio hijo, dándole el nombre de Moisés. Cuando Moisés creció, descubrió que era adoptado y quiénes eran su verdadera madre y su padre. Amaba a los israelitas y le molestaba que los trataran con dureza. Cuando mató a un egipcio que estaba golpeando a un trabajador israelita, tuvo que salir de Egipto cuando el faraón se enteró de lo sucedido.

Moisés viajó a una región desértica a varios cientos de millas de distancia y formó una familia. Mientras trabajaba como pastor, se le apareció un ángel en una zarza que ardía al pie de una montaña. Pero el fuego no quemó la zarza, y desde la zarza salió una voz.

> ¡Moisés! No te acerques más. Quítate las sandalias porque estás en tierra santa. Yo soy el Dios de Abraham, de Isaac y de Jacob. He visto el dolor de mi pueblo en Egipto y he oído sus gritos. Te enviaré a Faraón para que saques a mi pueblo de Egipto. Yo estaré contigo, y cuando los hayas sacado de Egipto, adorarás a Dios en este monte. Diles a los líderes de Israel que el Señor se te apareció y está preocupado por lo que les están haciendo en Egipto. Los sacaré a todos de la esclavitud y los conduciré a Canaán, una tierra que mana leche y miel.

Cuando Moisés no estaba seguro de su capacidad para asumir esta tarea, Dios le dio algunos poderes inusuales y le mostró lo que era capaz de hacer. Por ejemplo, podría utilizar un largo bastón de madera para realizar diversos milagros. Como Moisés no era un buen orador, su hermano Aarón ayudaría a comunicar los mensajes de Dios a los israelitas y al faraón.

Moisés libera a los israelitas

Los dos hermanos regresaron a Egipto y explicaron a los líderes israelitas lo sucedido. Moisés realizó algunos milagros para demostrar que Dios estaba con él. La gente le creyó y se alegró de saber que Dios estaba preocupado por ellos.

Luego, Moisés mostró los poderes de Dios al Faraón, y Aarón le dijo al Faraón: "El Dios de Israel dice: 'Deja ir a mi pueblo para que pueda adorarme en el desierto'". Pero el rey no los dejó ir, no podía permitírselo. que tantos trabajadores se vayan.

El Faraón hizo que los israelitas trabajaran aún más duro, y los supervisores israelitas estaban enojados con Moisés por regresar y hacerles el trabajo más duro. Cuando Moisés volvió a decirle al pueblo que el Señor había prometido librarlos de Egipto, no le creyeron.

Moisés y Aarón le dijeron al Faraón muchas veces que dejara salir al pueblo israelita y le mostraron el poder de Dios al Faraón en alguna forma de aflicción que sólo hirió a los egipcios. Cada vez que ocurría una aflicción, el Faraón accedía a dejarlos ir, y Moisés hacía que la aflicción cesara. Pero cada vez que las cosas mejoraban, el Faraón cambiaba de opinión y se negaba a permitir que los israelitas se fueran.

Una última aflicción convenció al Faraón de dejarlos ir. Dios le dijo a Moisés que hiciera que todos los israelitas mataran un cordero joven y perfecto al atardecer, y luego esparcieran la sangre del cordero sobre las puertas y los postes de sus casas. A medianoche, Dios hizo morir a todos los primogénitos y al ganado, pero los israelitas evitaron este castigo porque la sangre era una señal para Dios de que el ángel de la muerte debía pasar sobre la familia que vivía dentro. El pueblo debía comer una comida especial de "Pascua" esa noche y celebrarla nuevamente para recordar lo que Dios había hecho.

Y esa noche, en todos los hogares de Egipto, excepto en los israelitas, murieron los primogénitos de la familia y el ganado, víctimas inocentes de la guerra en curso entre el bien y el mal.

Faraón estaba tan molesto que ordenó a todos los israelitas y su ganado que abandonaran Egipto lo más rápido que pudieran. Todos los israelitas y algunos de sus esclavos salieron con ellos de Egipto. Los descendientes de Jacob habían estado en Egipto por más de 400 años y ahora regresaban a Canaán.

Moisés guía al pueblo en el desierto

Moisés condujo a los israelitas hacia el sur, hacia el Mar Rojo. Siguieron columnas de nubes durante el día y columnas de fuego durante la noche. Pronto llegaron al borde de una gran masa de agua. El Faraón estaba enojado porque sus trabajadores esclavos se habían ido y quería recuperarlos. Envió a su ejército en carros y caballos para matar y capturar a los israelitas.

Dios le dijo a Moisés que hiciera que el pueblo comenzara a avanzar hacia el agua, levantara su vara de madera y extendiera su mano sobre el mar para dividir el agua y así todos pudieran cruzar. Un fuerte viento separó las aguas y la gente caminó hacia el otro lado. Los egipcios persiguieron a los israelitas por el mismo camino, pero después de que todos los israelitas llegaron al otro lado, Moisés levantó su vara y bendijo nuevamente las aguas, deteniendo el viento. El agua rápidamente volvió a su nivel normal y subió rápidamente alrededor de todo el ejército egipcio. Todos los soldados y caballos egipcios se ahogaron.

El pueblo quedó atónito por el poder de Dios y creyó a Moisés. Celebraron su victoria y honraron a Dios que los había liberado y vencido a su enemigo.

2
LA VIDA EN EL
DESIERTO Y CANAÁN

La vida de los israelitas en el desierto era difícil. No pudieron encontrar suficiente agua para beber, pero Dios suministró agua de manera milagrosa. Fueron atacados por soldados de otra tribu, pero Josué llevó a los israelitas a la victoria. La tierra se estaba volviendo pedregosa y no podía producir alimentos. Cuando el pueblo se quejó de tener hambre y quería la comida que comían en Egipto, Dios hizo que una sustancia dulce parecida a una galleta (maná o "pan") apareciera en el suelo por la mañana como escarcha e hizo que cayeran pájaros ("carne"). desde el cielo por la noche. El pan sólo duraría un día. El sexto día de la semana habría el doble en la tierra, y cuando estuviera cocido duraría dos días. Moisés le dijo al pueblo que Dios quería que cocinaran lo que quedaba del sexto día y que no hicieran ningún trabajo el séptimo (último) día de la semana. Esto estableció la tradición del "sábado", un día de descanso al final de la semana.

Cuando los israelitas acamparon al pie del monte Sinaí, Dios hizo un acuerdo con el pueblo. Dios le dijo a Moisés: "Dile a los de la casa de Jacob y a sus hijos: 'Vieron lo que les hice a los egipcios. Si obedecen mis mandamientos y leyes, serán mi pueblo. Serán una nación santa para mí y yo los mantendré seguros y sanos'". Moisés le dijo al pueblo lo que Dios había dicho, y el pueblo accedió a obedecer.

Los mandamientos mayores y otras leyes

Luego Dios descendió al monte Sinaí en medio de un humo de fuego, y Moisés subió a la montaña para encontrarse con Dios, quien le dijo: "Yo soy el Señor su Dios, que los saqué de Egipto y de la esclavitud. Soy un Dios celoso, pero mostraré mi amor a los que me aman y guardan mis mandamientos". Entonces Dios le dio diez mandamientos a Moisés.

> (1) Yo debo ser tu único Dios. (2) No te hagas ídolos ni nada que parezca un dios, y no los adores ni les sirvas. (3) No uses ni digas mi nombre descuidadamente; trátalo con gran respeto. (4) Recuerda el día de reposo – santifícalo. Haz todo tu trabajo en seis días, pero el séptimo día nadie en tu casa, ni siquiera tus animales y visitantes, harán ningún trabajo. (5) Honra a tu padre y a tu madre para que puedas vivir una larga vida. (6) No asesinar. (7) No cometas adulterio. (8) No robar. (9) No mientas contra los demás. (10) No desees nada que sea de tu prójimo.

Además de estos 10 mandamientos, Dios le dijo a Moisés muchas leyes que el pueblo debía seguir. La mayoría está relacionada con brindar justicia y garantizar que las personas vivan de la manera correcta. Había leyes sobre la posesión de esclavos (si una persona compra un esclavo israelita, el esclavo debe quedar libre al séptimo año sin ningún pago adicional). Había leyes sobre lesiones personales (una persona que mata o secuestra a otra será condenada a muerte; si hay pelea, la pena es igual a lo sucedido: vida por vida, ojo por ojo, diente por un diente). Había leyes sobre los derechos de propiedad y las relaciones (cualquiera que haga un sacrificio a otro dios será destruido; no traten mal a los extranjeros, porque fueron extranjeros en Egipto). Había leyes sobre el dinero (si prestas dinero a los pobres, no cobres intereses; da el diezmo (10%) de todo lo que proviene de la tierra al Señor). Y había leyes sobre la justicia y la vida correcta (si te encuentras con el animal de tu enemigo deambulando, debes devolvérselo; no aceptes soborno; sé amable con los extranjeros).

Dios le dijo a Moisés que un ángel los protegería mientras viajaban hacia Canaán. Si el pueblo obedecía a Dios, derrotaría a quienes intentaran detenerlo. No debían conservar nada relacionado con los dioses de las tribus que conquistaran. Controlarían una vasta región y la mantendrían sólo para ellos porque permitir que otras tribus vivieran entre ellos dañaría su forma de vida y su amor por Dios.

Moisés le dijo al pueblo lo que Dios dijo y ellos acordaron seguir los mandamientos y las leyes de Dios. Moisés escribió todas las cosas que Dios le dijo para preservar los mandamientos y las leyes como recordatorios para las generaciones futuras. Se construyó una caja ornamentada (el Arca de la Alianza) para almacenar los objetos sagrados que se recogían en el camino a Canaán.

Los israelitas abandonan a Dios

Cuando Moisés y Josué subieron nuevamente a la montaña y no regresaron durante 40 días, el pueblo pensó que habían muerto y construyeron una estatua de oro de un becerro como dios: adoraron al becerro y le hicieron sacrificios.

Cuando Moisés regresó, se enojó mucho al ver el becerro de oro y al pueblo danzando a su alrededor. Hizo quemar el becerro de oro hasta los cimientos y Moisés les dijo a los levitas que mataran a los hombres que se rebelaron (iban a causar problemas mientras viajaban a Canaán).

Dios también estaba extremadamente enojado, llamando al pueblo muy terco en su resistencia al cambio, y quería destruirlos a todos. Pero Moisés le recordó a Dios la promesa de convertirlos en una gran nación. Dios reconsideró y le dijo a Moisés que siguiera guiando a todos hacia Canaán.

Para hacer más visible la presencia de Dios, se construyó un tabernáculo donde Dios viviría con las contribuciones del pueblo. Las instrucciones detalladas describían cómo los sacerdotes debían hacer sacrificios y cómo debía realizarse el culto. Aarón llegó a ser el Sumo Sacerdote y sus hijos también fueron sacerdotes. Cuando el tabernáculo estuvo terminado, se realizaron ceremonias para bendecir a los sacerdotes que trabajarían en él. Cuando terminaron las ceremonias, una nube cubrió la tienda del tabernáculo y Dios la llenó. El Dios que había liberado y salvado a Israel finalmente vivía con el pueblo elegido.

Más reglas para vivir

Dios pasó varios meses más dándole a Moisés muchas reglas sobre cómo los sacerdotes debían conducir sus asuntos religiosos, cómo debía adorar la gente y cómo los israelitas –como pueblo de Dios– debían vivir como comunidad. Algunas de las reglas eran específicas mientras que otras eran principios generales. Dios era santo, y los israelitas habían sido elegidos para ser un pueblo santo, los representantes de Dios en la tierra para mostrar a otros cómo vivir y glorificar a Dios. Pero como los humanos siempre pecan de alguna manera, el pueblo debía presentarse ante Dios y arrepentirse, haciendo sacrificios y ofrendas quemadas para mostrar su dolor y ser limpiado de sus pecados. Las ofrendas y sacrificios realizados en el tabernáculo debían ser de gran calidad, utilizando el grano más fino y animales sin ningún defecto, lo que simbolizaba la perfección.

El derramamiento de sangre fue clave en el sacrificio para reparar una relación rota entre Dios y los humanos. A través de sacrificios y ofrendas, Dios perdonó al pueblo, liberándolos de sus pecados y restableciendo la relación entre Dios y los humanos. Relacionado con esta idea estaba un Día de Expiación especial que debía observarse una vez al año. Implicaba sacrificar un macho cabrío y hacer que el Sumo Sacerdote ponga sus manos sobre la cabeza de otro macho cabrío, confiese todos los pecados del pueblo y transfiera los pecados del pueblo a ese macho cabrío. Este segundo macho cabrío luego fue liberado en el desierto para simbolizar que los pecados del pueblo habían sido eliminados (un "chivo expiatorio").

Moisés dio instrucciones detalladas sobre qué comer y qué no comer, qué se podía tocar y qué no. Las instrucciones fueron prácticas y ayudaron a mantener la salud de la gente. Por ejemplo, cualquier persona con una enfermedad de la piel tenía que ser puesta en cuarentena y practicar el distanciamiento social de los demás: tenía que salir del campamento, usar ropa rota, no peinarse y gritar: "¡Inmundo! ¡inmundo!" a otros hasta que estuvieran sanos. Hubo que seguir nuevos métodos de lavado, bastante avanzados para la época; Cuando se seguían, estos métodos daban a los israelitas una ventaja en la batalla y les ayudaban a vivir más tiempo.

Algunas reglas trataban de los principios de moralidad y justicia. Por ejemplo, había reglas y penas asociadas con delitos específicos, y a la gente se le ordenaba "amar a tu prójimo como a ti mismo". Tanto los ricos como los pobres debían ser juzgados de la misma manera. Los extranjeros debían ser aceptados y amados como todos los demás, del mismo modo que los egipcios habían acogido a los israelitas durante la hambruna. Un campo no debía cosecharse hasta el borde, y a los pobres y a los extranjeros se les permitía comer los alimentos del borde, así como cualquier cosa que cayera al suelo durante la primera cosecha. Se estableció un año sabático similar al día de reposo semanal. En el séptimo año, la tierra no debía ser labrada y los alimentos que se obtenían de ella estaban disponibles gratuitamente para cualquiera que los quisiera. Y cada 50 años se celebraba el Año del Jubileo: las posesiones de los pobres que se habían vendido para que los pobres pudieran sobrevivir tenían que devolverse a sus propietarios originales.

Las reglas e instrucciones terminaron con recordatorios de las consecuencias de cómo vive la gente. Hay muchas recompensas y bendiciones para quienes obedecen las leyes y mandamientos de Dios, pero el castigo ocurre cuando las personas no las obedecen. Si la nación de Israel rompe su acuerdo con Dios, perdería su tierra, sería dispersada por la región y se convertiría en esclava de sus enemigos. Sin embargo, incluso después de que la gente desobedece, hay perdón y reconciliación cuando la gente se arrepiente, se disculpa y comienza a obedecer a Dios nuevamente. No hay condena permanente para aquellos que desobedecen a Dios; siempre hay una manera de obtener nuevamente los beneficios del acuerdo. La naturaleza de Dios es indulgente y extravagante cuando se trata de tener una relación con los humanos, la creación más valiosa.

La falta de fe prolonga el viaje a Canaán

Un año después de salir de Egipto, el pueblo celebró la Pascua y luego comenzó su viaje hacia Canaán (unas 250 millas al norte). Dios estaba en el tabernáculo, y cuando la nube se levantó del tabernáculo, los israelitas siguieron adelante. Los sacerdotes usaban trompetas hechas con cuernos de animales para anunciar reuniones, señalar el momento de avanzar, prepararse para la batalla y celebrar ofrendas durante sus festivales.

Después de viajar 30 millas, algunas personas comenzaron a quejarse de la comida. Soñaron con la comida que tenían en Egipto y estaban cansados de comer todos los días lo mismo. Dios estaba molesto con su actitud y Moisés pensó que su trabajo era demasiado difícil. Dios le dijo a Moisés que reuniera a 70 hombres alrededor de su tienda, y el Espíritu los iluminó para que también se volvieran sabios y ayudaran a guiar al pueblo.

Mientras los israelitas se acercaban a Canaán, Dios le dijo a Moisés que hiciera que un hombre de cada una de las 12 tribus viajara a Canaán para recopilar información sobre quiénes vivían allí y qué tipo de alimentos se cultivaban. Los 12 espías exploraron la región a fondo e informaron que la tierra era excelente. Pero también dijeron que la gente era fuerte y que sería muy difícil derrotarla en la batalla. Diez espías dijeron que ocupar Canaán sería imposible, pero dos espías, Caleb y Josué, dijeron que Dios les dará la victoria si los israelitas continúan obedeciendo a Dios.

Los 10 escépticos convencieron a los líderes de que una invasión exitosa era imposible, y el pueblo estaba enojado con Moisés y Aarón porque los habían conducido a un viaje sin sentido. Querían matar a Caleb y Josué y reemplazar a Moisés con un líder que los llevaría de regreso a Egipto.

Dios estaba muy molesto con los israelitas, pero Moisés discutió con Dios y dijo que la reputación de Dios como un poder "lento para la ira, lleno de amor y perdona nuestros pecados y rebeliones" se arruinaría si Dios abandonaba a los israelitas. Moisés pidió a Dios que perdonara los pecados de este pueblo, tal como Dios lo había hecho en el pasado.

El Señor accedió a perdonar a los israelitas, pero dijo que nadie que tuviera al menos 20 años, aparte de Caleb y Josué, entraría en Canaán. Todos tendrían que vagar por el desierto durante 40 años, un año por cada día que los espías exploraran la tierra.

Luego, Moisés condujo al pueblo al desierto de regreso al Mar Rojo. Los diez espías que agitaron a la multitud contrajeron una plaga y murieron. Después de ver que estos espías murieron y de enfrentar 40 años más de vagar por el desierto, el pueblo se arrepintió. Pero muchas de sus confesiones no eran genuinas; sólo se arrepintieron para que se reanudara su viaje a Canaán. Moisés les dijo que tenían que permanecer juntos y regresar todos al desierto, y que Dios no estaría con nadie que dejara el grupo. Algunos de ellos insistieron en avanzar solos hacia el norte para invadir Canaán, pero cuando lo hicieron, fueron derrotados.

Hubo rebeliones contra Moisés mientras los israelitas vivían y viajaban por el desierto. Su autoridad fue cuestionada y la gente a menudo se quejaba de la comida, la falta de agua y sus condiciones de vida. Pero finalmente reanudaron su viaje hacia Canaán. Derrotaron a diferentes enemigos que encontraron en el camino. Con el tiempo, se apoderaron de la tierra en el lado este del Mar Salado y acamparon al este del río Jordán, frente a Jericó, una gran ciudad amurallada en Canaán.

Palabras finales de Moisés

En ese momento, Moisés era muy anciano y estaba a punto de morir. Dios le dio instrucciones específicas sobre lo que debía hacer el pueblo cuando entrara a Canaán.

> Cuando cruces el Jordán hacia Canaán, expulsa a todos sus habitantes, destruye todas sus imágenes e ídolos de sus dioses y derriba todos sus altares. Ocupen y habiten

la tierra, porque se la he dado. Si no los expulsan, los que queden serán para ustedes piedras de tropiezo; les causarán problemas, y entonces yo haré con ustedes lo que planeo hacer con ellos.

Moisés resumió los principales eventos que habían ocurrido durante los 40 años anteriores y enfatizó lo importante que era honrar a Dios, guardar los mandamientos y obedecer las reglas que fueron establecidas; todas ellas eran de Dios. Moisés también advirtió al pueblo sobre las consecuencias de no ser fiel. Sabía que su mayor desafío sería de naturaleza espiritual. Les dijo:

Si se corrompen y hacen el mal, Dios se enojará y rápidamente perecerán de la tierra. El Señor los dispersará entre otras naciones y sólo unos pocos de ustedes sobrevivirán. Pero si luego buscan al Señor con todo su corazón y con toda su alma, encontraran a Dios. Después volverán al Señor, que es misericordioso y que no los abandonará ni olvidará las promesas hechas con sus antepasados. Escucha, oh Israel: El Señor nuestro Dios, Señor uno, es. Debes amar al Señor tu Dios con todo tu corazón, con toda tu alma y con todas tus fuerzas. Serás bendito si escuchas mis mandamientos, pero serás maldito si no los escuchas y te alejas de mí.

Moisés dio más instrucciones sobre lo que debería suceder cuando los israelitas entraran en Canaán. Dios los conduciría a la victoria sobre las naciones más grandes y más fuertes, y estas naciones deben ser totalmente destruidas. Los israelitas no debían hacer tratados con las otras naciones ni mostrarles misericordia alguna. No debían casarse con familias de otras naciones porque eso llevaría a los israelitas a seguir a otros dioses. Todo lo relacionado con otro dios tenía que ser destruido.

Para evitar que los israelitas se volvieran arrogantes acerca de su éxito, Moisés les dijo: "No es por ser justos o buenos que tomaran posesión de su tierra. Más bien, se debe a la maldad de estas naciones. Después de todo, Dios nos considera un pueblo testarudo". El pueblo debía amar y obedecer a Dios, no de manera formal y rutinaria, sino porque Dios había mostrado primero amor por los israelitas de muchas maneras. El amor estaba en el corazón de la relación.

Después de la muerte de Moisés, Dios eligió a Josué para que fuera el nuevo líder de los israelitas, y le dijo al pueblo que se preparara para cruzar el río Jordán y entrar en Canaán. (Vea la ruta de todo su viaje en el Mapa 2 en el Apéndice E.)

Los israelitas conquistan Canaán

En Canaán vivían muchas "naciones" diferentes de personas. No se llevaban bien entre sí y muchas de las ciudades tenían fuertes murallas. Sus líderes creían en muchos dioses que, según la gente, exigían cosas horribles. Por ejemplo, era común que la gente pensara que sus dioses querían que mataran a los niños como sacrificio.

Josué envió dos espías al otro lado del río para aprender más sobre Jericó, la primera ciudad contra la que lucharían. Conocieron a una mujer pecadora llamada Rahab quien les informó que todos en Canaán ya sabían acerca de los israelitas y su poderoso Dios y planeaban apoderarse de la región. Todo el mundo les tenía mucho miedo.

Los guardias de la ciudad vieron a los espías mientras visitaban a Rahab y fueron a su casa y le dijeron que los liberara. Pero los escondió en su techo y les dijo a los guardias que ya no estaban allí. Los guardias le creyeron y salieron a buscarlos. Rahab pidió a los espías que la salvaran a ella y a su familia de la destrucción venidera; ella los había salvado y quería ser salvada también. Los espías idearon un plan para asegurarse de que ella no muriera cuando la ciudad fuera atacada. Luego ayudó a los espías a escapar de la ciudad y regresaron a Josué al otro lado del río.

A la mañana siguiente, Josué ordenó a los israelitas que se reunieran en el río Jordán, que estaba en su punto más alto en la primavera. Después de que los sacerdotes pusieron los pies en el agua, el río dejó de fluir. (Una enorme sección de roca acababa de desprenderse de una ladera a 15 millas río arriba, lo que provocó que se formara un embalse y detuviera el flujo del río). Luego, la gente cruzó el río y acampó cerca de Jericó.

En lugar de atacar, el Señor le dijo a Josué que hiciera que todo el ejército marchara alrededor de la ciudad una vez al día durante seis días. Los sacerdotes encabezaron el desfile y tocaron sus trompetas, seguidos por el ejército. El ejército guardó silencio mientras marchaban. El séptimo día dieron siete vueltas alrededor de la ciudad, y cuando el ejército escuchó un largo toque de trompetas, todos dieron un fuerte grito. Los muros de la ciudad se derrumbaron y el ejército se precipitó hacia la ciudad desprotegida y mató a todos excepto a Rahab y los miembros de su familia, a quienes se les permitió vivir con los israelitas. Luego Josué quemó Jericó hasta los cimientos.

Josué ataca el sur y el norte

Rápidamente se corrió la voz en la región sobre lo sucedido en Jericó. Los diferentes reyes que controlaban la tierra de Canaán sabían que el dios de Israel era mucho más fuerte que el de ellos y perdieron el valor para luchar.

Los israelitas atacaron muchas otras ciudades de la región. Los reyes cercanos combinaron sus ejércitos para luchar contra los israelitas como un solo ejército, pero el ejército israelita los derrotó a todos. Josué y el ejército conquistaron todas las ciudades al sur de Jericó y no dejaron sobrevivientes.

Luego él y el ejército giraron hacia el norte. Las naciones del norte de Canaán escucharon lo que les sucedió a los ejércitos del centro y sur de Canaán y se unieron para luchar contra el ejército de Israel. Pero en un ataque sorpresa, el ejército israelita derrotó a las fuerzas combinadas de los ejércitos opuestos, y luego derrotó al enorme ejército liderado por carros de la gran ciudad de Hazor y la quemó hasta los cimientos. Luego, el ejército de Israel persiguió a los ejércitos en retirada de las naciones del norte hasta Fenicia. Todos fueron asesinados, pero aparte de Hazor, ninguna ciudad fue destruida, porque sería utilizada por los israelitas en el futuro. Los israelitas se quedaron con todo el ganado y los objetos de valor del pueblo. Esto puso fin a todos los combates.

Le tomó siete años a Josué terminar todas las batallas y 31 reinos fueron conquistados en Canaán. Las batallas y la limpieza de Canaán tenían como objetivo eliminar los poderes del mal en la región, demostrar al mundo el poder del Dios de Israel y crear una sociedad de pueblo santo que no transigiera con el mal. Pero algunas zonas no estaban ocupadas, por lo que todavía vivían en la región personas de otras tribus. Básicamente, Josué había hecho lo que Dios y Moisés le habían dicho que hiciera: eliminar a los habitantes de Canaán que tenían corazones fríos contra el único Dios verdadero. Esto permitió a los israelitas establecerse en la tierra prometida, pero aun así coexistieron con los no creyentes.

Josué dio tierras a las 12 tribus de Israel según el número de personas en cada tribu: las tribus más grandes heredaron más tierras. A los levitas se les dieron 48 ciudades para vivir dentro de la tierra de cada tribu y tierras fuera de estas ciudades para sus animales.[1] Seis ciudades heredadas por la tribu de Leví fueron designadas como "refugios seguros" para que la gente pudiera buscar seguridad si accidentalmente mataba a alguien. (Ver las áreas de las 12 tribus en el Mapa 3 en el Apéndice E.)

---

[1] Las 12 tribus que heredaron la tierra fueron Rubén, Simeón, Judá, Isacar, Zabulón, Benjamín, Dan, Neftalí, Gad, Aser y los dos hijos de José, Efraín y Manasés.

3
LUCHAS Y LÍDERES
DE ISRAEL

Debido a las distancias y la falta de unidad entre las 12 tribus, no había lugar para que los líderes tribales tomaran decisiones o determinaran cómo trabajar juntos. Como resultado, cada tribu desarrolló sus propias formas de vivir en la zona donde se asentaron.

Las tribus libraron batallas con los que aún vivían en la región. Varias ciudades importantes todavía estaban controladas por los cananeos porque los israelitas de su zona no eran lo suficientemente fuertes como para derrotarlos en la batalla. En algunos casos, la población local reconstruyó las ciudades que los israelitas habían destruido y volvieron a ser poderosas. Algunos israelitas se hicieron amigos de los cananeos y adoptaron sus formas de vida, incluida la participación en ceremonias religiosas en honor de otros dioses. Los matrimonios mixtos llevaron a una mayor decadencia de la fidelidad del pueblo a los mandamientos y rituales religiosos de Dios. Moisés había advertido al pueblo que no hicieran estas cosas, y el pueblo había prometido no hacerlas. Pero la mayoría de la gente hacía lo que quería.

Durante los siglos siguientes, hubo un patrón constante de comportamiento entre los israelitas. Comenzarían honrando a Dios, pero se sentirían cómodos, se ajustarían a las costumbres y la cultura locales y gradualmente se olvidarían de seguir a Dios. Esto resultó en la opresión por parte de otros, lo que llevó al pueblo a experimentar la ausencia de las bendiciones de Dios. Cuando las cosas se pusieron realmente mal, los israelitas pedían ayuda a Dios y surgieron diferentes héroes para derrotar a los opresores. Sus victorias se debieron al poder de Dios, no al poder de los ejércitos de Israel. Fue a través de las debilidades y limitaciones humanas que se revelaron el poder y la gloria de Dios. Dios siguió siendo fiel y perdonó a quienes pedían ayuda, obedecieron las reglas del buen vivir y tuvieron fe. Las victorias restauraron la paz y la justicia hasta que el ciclo de decadencia comenzó de nuevo.

Líderes israelitas

Gedeón y Jefté

Gedeón fue uno de los líderes fieles. Dios le dijo que sería un guerrero poderoso, pero él dudaba que eso fuera posible. No tenía formación, era de una pequeña aldea de la tribu más débil y era el más joven de su familia. Quería una señal que demostrara que Dios estaba con él. Ocurrieron varios milagros para demostrarle a Gedeón que Dios lo había elegido para liderar el ejército y que saldría victorioso. Tenía más de 32.000 hombres en su ejército, pero Dios le dijo que eran demasiados: si ganaba la batalla, la gente no le daría crédito a Dios. A través de una serie de pruebas para reducir el número de hombres en el ejército, Gedeón terminó con sólo 300 hombres. Con un ejército tan pequeño, si Gedeón ganará una batalla contra todo pronóstico, sólo Dios se llevaría el crédito.

Los hombres de Gedeón lanzaron un ataque sorpresa durante la noche, lo que causó pánico entre el enemigo y provocó que pelearan y se mataran entre sí. Los hombres de Gedeón persiguieron a los que se retiraban muchos kilómetros más allá del río Jordán. Más de 135.000 soldados enemigos murieron en esta larga batalla. La victoria trajo a los israelitas 40 años de paz.

Después de la muerte de Gedeón y de varias décadas de paz, los israelitas comenzaron a adorar nuevamente al dios local, Baal, y a otros dioses. Las potencias extranjeras se apoderaron de la región y maltrataron a los israelitas.

Después de 18 años de dominación de los amonitas en el este, los israelitas le pidieron a Jefté que liderara un ejército para luchar contra este enemigo. Era un hijo ilegítimo que fue maltratado por sus medio hermanos y se había escapado de casa. Vivió con hombres sin hogar al borde del desierto y se hizo famoso como un guerrero intrépido que lideraba una banda de bandidos. Los líderes israelitas dijeron que lo nombrarían su líder si derrotaba a este enemigo.

Jefté estuvo de acuerdo y primero intentó negociar una solución pacífica con el rey enemigo sobre una disputa de tierras, pero ese esfuerzo fracasó. Entonces Jefté fue y destruyó veinte de las ciudades enemigas y dirigió a todo Israel durante seis años hasta que murió.

Sansón y los filisteos

Con el tiempo, los israelitas volvieron a alejarse del Señor y siguieron a dioses extranjeros. Los filisteos, una tribu fuerte que ocupó tierras en el mar Mediterráneo, dominaron la región y controlaron Canaán durante 40 años.

Una pareja israelita que vivía cerca del territorio filisteo tenía un hijo llamado Sansón, que debía ser nazareo desde su nacimiento: no consumiría ninguna forma de uva, no tocaría a una persona muerta y no se cortaría ningún cabello en la cabeza. Sansón se hizo famoso por su gran fuerza, pero también era impulsivo y de mal genio y carecía de sabiduría y buen carácter moral. Por ejemplo, se acostó con mujeres extrañas, se casó con extranjeros y, a menudo, rompió su promesa de no tocar un cadáver. Por su valentía y su gran fuerza mató a miles de filisteos, y reinó sobre Israel durante veinte años.

Al final de su reinado, Sansón se enamoró de una mujer llamada Dalila. Los filisteos le pidieron que averiguara por qué era tan fuerte y le pagaron para que descubriera su secreto. Dalila le preguntó varias veces a Sansón cómo se había vuelto tan fuerte. Cada vez mintió al respecto, y cada vez Dalila les contó a los filisteos lo que él había dicho. Cuando los filisteos intentaron capturarlo, él los rechazó porque todavía era fuerte.

Dalila se quejó muchas veces a Sansón de cómo le había mentido. Ella dijo que él no la amaba y la hizo parecer una tonta. Ella lo regañaba por eso a diario hasta que él se cansó de sus regaños y le dijo la verdad: sus fuerzas desaparecerían si le cortaban el pelo. Dalila les contó este secreto a los filisteos, y después de que ella le cortó el cabello mientras dormía, Dios lo dejó y los filisteos lo capturaron fácilmente. Le sacaron los ojos, lo hicieron prisionero y lo obligaron a moler grano.

Con el tiempo, su cabello creció más y recuperó sus fuerzas. Cuando los gobernantes filisteos sacaron a Sansón de la prisión para burlarse de él ante una gran multitud, hizo que su guía lo pusiera entre dos pilares que sostenían el edificio para que pudiera apoyarse en ellos.

Entonces Sansón oró: "Por favor, Señor, acuérdate de mí. Fortaléceme una vez más y déjame vengarme de los filisteos por mis dos ojos". Entonces Sansón empujó las columnas con todas sus fuerzas, y el templo se derrumbó y mató a todos los que estaban en él.

Rut y Booz

Durante estos tiempos difíciles, se produjeron migraciones debido a las luchas, el hambre y la unificación familiar. Durante una hambruna, una pequeña familia que vivía en Belén se mudó más allá del Mar Salado. El marido murió y dejó atrás a su esposa Noemí y dos hijos. Los hijos se casaron con Orfa y Rut, dos mujeres locales. Cuando los hijos murieron, lo único que quedaron fueron Noemí y sus dos nueras.

Noemí escuchó que Dios había provisto comida en Judá y quiso regresar a casa. Rut insistió en ir con ella y le dijo: "A donde tú vayas, yo iré; donde tú vivas, yo viviré. Tu pueblo será mi pueblo, tu Dios será mi Dios. Donde tú mueras, yo moriré". Ella se estaba comprometiendo con los caminos de los israelitas.

Cuando Noemí y Rut llegaron a Belén, Rut trabajó en los campos de cebada que pertenecían a Booz, un rico terrateniente que estaba relacionado con el marido muerto de Noemí. Booz vio que Rut era una gran trabajadora y le dijo que trabajara para él. Rut se inclinó ante Booz y le preguntó: "¿Por qué te fijas en mí y te agrado, aunque soy extranjera?"

Booz respondió: "Me han contado lo que hiciste por tu suegra después de la muerte de tu marido y cómo dejaste a tus padres y tu patria para vivir aquí con gente que no conocías. Que el Dios de Israel te recompense".

Booz le dio a Rut comida para llevar a casa y la hizo sentir bienvenida. Rut continuó trabajando para Booz y finalmente se casaron y tuvieron un hijo llamado Obed, quien más tarde se convirtió en el padre de Jesé, quien tuvo un hijo llamado David, quien se convertiría en el líder más grande de Israel.

Samuel, el profeta y juez

Una mujer sin hijos llamada Ana deseaba desesperadamente tener un hijo e hizo una promesa a Dios: "Si me das un hijo, te lo daré para todos los días de su vida". Dios respondió a su oración: tuvo un hijo y lo llamó Samuel. Trabajó y vivió en el tabernáculo cuando era niño y tomó en serio sus deberes. Con el tiempo se convirtió en juez y líder religioso. Liberó las ciudades que los filisteos habían capturado y hubo paz entre Israel y sus vecinos mientras Samuel era el líder.

Coronando a un Rey Unificador

Las diferentes tribus israelitas peleaban entre sí y a veces se enojaban cuando quedaban fuera de batallas en las que habrían ganado algo con una victoria. Durante estas guerras civiles, la gente de las distintas tribus se robaba entre sí, incluso tomando mujeres de otras tribus para que fueran sus esposas. Las tribus no sentían lealtad una hacia la otra y estaban celosas unas de otras. No había rey y cada tribu actuaba según sus propios intereses.

Sin un rey unificador y una forma de seleccionar al próximo rey, las tribus de Israel tenían poco prestigio en la región. Los filisteos representaban la mayor amenaza para Israel y había enemigos al norte y al este. Tener el mar en su frontera occidental no era una ventaja porque Israel no tenía experiencia en navegación. Estaban rodeados de problemas y necesitaban defenderse, pero las 12 tribus no estaban trabajando juntas de ninguna manera para hacerlo. La vida religiosa estaba mayoritariamente descuidada y los sacerdotes se aprovechaban de quienes acudían al tabernáculo para adorar y hacer sacrificios.

Saúl, el primer rey de Israel

Cuando Samuel era viejo, le pidieron que nombrara un rey para dirigir la nación. El pueblo quería ser como las otras naciones que tenían un rey. Samuel dijo que tener un rey significaría que los israelitas tendrían que gastar mucho dinero, tiempo y contratar a muchas personas para servir al rey y proteger el reino. Pero ellos no escucharon: querían un rey que fuera como en otras naciones.

Dios le dijo a Samuel que nombrara un rey y que al día siguiente vendría al pueblo un hombre de la tribu de Benjamín (la más pequeña y menos prestigiosa de las 12 tribus) que debería ser el primer rey de Israel. Al día siguiente, Samuel conoció a un hombre alto y apuesto llamado Saúl que llegó a la ciudad. Samuel le dijo en privado a Saúl que se convertiría en el primer rey de Israel. Samuel lo bendijo y le describió las cosas que sucederían al día siguiente y que confirmarían a Saúl que él era el elegido.

Saúl se transformó y al día siguiente sucedió todo lo que Samuel había predicho. El espíritu de Dios llenó a Saúl y él habló la verdad claramente. Las personas que conocieron a Saúl quedaron asombradas por su cambio de personalidad.

Saúl tenía 30 años cuando se convirtió en el primer rey de Israel. Samuel le recordó al pueblo que tener un rey no los salvaría si no obedecían al Señor. Aunque Saúl era alto y guapo, tenía defectos de personalidad que arruinaron sus posibilidades de alcanzar la grandeza. Era inseguro porque provenía de la tribu más pequeña y siempre estaba preocupado por lo que los demás pensaban de él. Para quienes estaban en el campo de batalla estaba claro que carecía de confianza en sus estrategias militares. Carecía de buen juicio al tratar con los demás, sospechaba de los motivos de los demás, estaba celoso cuando los demás recibían reconocimiento y erigía monumentos en su honor.

Pero lo peor de todo es que Saúl desobedeció a Dios. Se asustó y ofreció sacrificios cuando parecía que iba a perder una batalla. Antes de una batalla importante, Samuel le dijo a Saúl que Dios quería que él destruyera completamente al enemigo y todas sus posesiones. Sin embargo, después de ganar la batalla, Saúl perdonó a su rey y sus soldados lo persuadieron para que les permitiera quedarse con los mejores animales. Cuando Samuel se encontró con Saúl después de la batalla, Saúl le dijo que todo había sido destruido. Pero Samuel sabía que esto no era cierto: escuchó los sonidos de ovejas y vacas de fondo.

Samuel se enfureció y dijo: "¿Se complace más el Señor en vuestras ofrendas y sacrificios que en obedecer a Dios? La rebelión es pecado y el orgullo es malo. Porque rechazaste la palabra del Señor, Dios te ha rechazado como rey". Samuel nunca volvió a hablar con Saúl.

David se levanta, Saúl cae

Samuel lamentó la condición de Israel y fue a Belén para reunirse con Jesé, el nieto de Booz y Rut, para identificar al próximo rey. Jesé llevó a siete de sus hijos a Samuel, quien los rechazó a todos. Eran físicamente impresionantes, pero Dios le dijo a Samuel que no mirara su apariencia exterior. "El Señor mira el corazón".

Samuel preguntó si había otros, y el más joven estaba cuidando ovejas. David fue llamado a la habitación, muy sano y guapo. Samuel dijo que David sería el próximo rey. David era un buen orador, un guerrero valiente, músico y poeta. Cuando Saúl fue atormentado por espíritus malignos, David tocó un arpa pequeña para calmar y consolar a Saúl. David visitó a Saúl muchas veces mientras pastoreaba los rebaños de su familia.

Goliat

Cuando los filisteos amenazaron con atacar nuevamente a Israel, los dos ejércitos se pararon uno frente al otro en las colinas sobre un valle. El ejército filisteo tenía un soldado llamado Goliat que medía casi dos metros de altura. Tenía armadura y armas pesadas, perfectas para el combate cuerpo a cuerpo. Sin embargo, era lento y tenía problemas de visión, por lo que alguien que utilizara un método diferente podría matarlo.

Goliat fue al valle todos los días durante más de un mes y desafió a Israel a enviar un soldado al valle para enfrentarlo en una pelea en la que el ganador se lo lleva todo. Saúl y todo su ejército estaban aterrorizados y nadie se ofreció como voluntario para luchar contra Goliat.

Varios de los hijos de Jesé estaban con Saúl en el lugar de la batalla, pero David estaba en casa cuidando las ovejas. Jesé le pidió que llevara comida a sus hermanos y, cuando llegó David, se enteró del desafío de Goliat. David se ofreció como voluntario para luchar contra Goliat, pero Saúl dijo que no tenía ninguna posibilidad contra un guerrero tan grande y experimentado.

David le dijo a Saúl: "He estado cuidando las ovejas de mi padre, y cuando un león o un oso ataca a una oveja, la mato. Si puedo matar un león o un oso, seguramente puedo matar a Goliat. Ha desafiado a los ejércitos del Dios vivo".

Saúl aceptó dejar que David luchara contra Goliat. Saúl puso su armadura pesada sobre David, pero David dijo que no podía luchar de esa manera. En cambio, usaría las armas que usaba como pastor: un bastón de madera, algunas piedras lisas y una honda. Las piedras, batidas rápidamente y liberadas por la honda, podían viajar a más de 160 kilómetros por hora y eran muy letales en manos de un hondero experto, incluso a cientos de metros de distancia. Con Dios de su lado y un arma letal en su mano, se adentró en el valle con confianza para luchar contra Goliat.

Cuando Goliat vio lo pequeño que era David y que no tenía armadura, se burló de él y lo maldijo. Pero David le dijo: "Tú peleas conmigo con espada y lanza, pero yo peleo contigo en el nombre del Señor Todopoderoso, el Dios de los ejércitos de Israel, a quien tú desafías. Así que ahora el Señor te entregará en mis manos. Te cortaré la cabeza y el mundo entero sabrá que hay un Dios en Israel".

Mientras Goliat se acercaba para atacar, David corrió hacia adelante, puso una piedra en su honda y la disparó directamente al gigante. La piedra golpeó a Goliat en la frente y lo derribó al suelo. David corrió, agarró la espada de Goliat y le cortó la cabeza al gigante, levantándola para que todos la vieran. Cuando los filisteos vieron que Goliat estaba muerto, se dieron vuelta y huyeron. El ejército israelita los persiguió y los mató en el camino.

Saúl persigue a David

David se hizo muy famoso y tuvo mucho éxito cuando fue a la batalla. Saúl estaba celoso de la fama de David y se volvió cada vez más paranoico. Intentó matar a David varias veces y sus hombres lo persiguieron por toda la región. David siempre escapó e incluso tuvo varias oportunidades de matar a Saúl, pero cada vez decidió no hacerlo porque Saúl había sido nombrado rey por Dios. David sabía que, si iba a ser rey, no debía acelerar el proceso desobedeciendo el mandato de Dios de no asesinar; el proceso de Dios le permitiría convertirse en rey de la manera correcta. David se escondió en diferentes lugares y finalmente se mudó a territorio filisteo por seguridad, donde estaba fuera del alcance de Saúl.

Saúl y sus hijos finalmente murieron en una batalla con los filisteos. No recibió sepultura real y, con su victoria, los filisteos controlaron toda Canaán.

David y Salomón, los líderes más grandes de Israel

Cuando David se enteró de la derrota de Israel y de la muerte de Saúl, supo que había llegado el momento de convertirse en rey. Fue coronado como nuevo rey en Hebrón, pero uno de los hijos de Saúl fue coronado como el próximo rey por otras tribus. Las familias de ambos hombres tuvieron disputas durante varios años sobre quién era el rey adecuado. A través de una serie de negociaciones y peleas entre quienes respaldaron a cada hombre durante esta guerra civil, David emergió como rey cuando tenía 30 años.

David gobierna e Israel se expande

David pronto atacó y derrotó a las potencias extranjeras que ocupaban Jerusalén, y la ciudad pasó a ser conocida como la Ciudad de David (también conocida como Sión debido a una colina en la ciudad con ese nombre). La ciudad se convirtió en la capital política y religiosa de la nación y, con la ayuda de los fenicios, se construyó un gran palacio para que fuera el hogar de David. Bailó en las calles de Jerusalén cuando el Arca de la Alianza entró en la ciudad. David tuvo muchas esposas y muchas otras mujeres que tuvieron muchos hijos. Dios le dijo a David a través del profeta Natán: "Haré grande tu nombre. Haré surgir a tu descendencia para sucederte y estableceré su reino. Tu casa y tu reino perdurarán para siempre".

Los ejércitos de David derrotaron a los filisteos varias veces, así como a sus enemigos en el sureste. Siguió avanzando hacia el norte, pasando Damasco, y hacia el este para ocupar más territorio. El Señor le dio victorias a David dondequiera que iba, y siempre le dio a Dios el crédito por las victorias militares y la prosperidad material a medida que el imperio se expandía.

David y Betsabé

David vivió un importante escándalo cuando vio a una hermosa joven llamada Betsabé bañándose cerca de su palacio. Estaba casada con un soldado que estaba lejos en una batalla. David tuvo una aventura con ella y quedó embarazada. Después de que David dispuso que su marido muriera en batalla, se casó con Betsabé y nació su bebé.

David pensó que había cometido el crimen perfecto. Nadie conocía la historia completa, pero Dios sí. El profeta

Natán le contó a David una historia sobre un hombre rico que le robaba a un hombre pobre. David se enojó con el hombre rico y le dijo que debía morir. Entonces Natán dijo a David:

> ¡Tú eres el hombre rico! El Dios de Israel te dice: "Yo te ungí rey de Israel y te salvé de Saúl. Os di todo Israel y Judá. ¿Por qué hiciste el mal? Ahora la espada nunca saldrá de tu casa y tu familia será afectada por el mal".

David se dio cuenta de que había pecado contra Dios. Nathan dijo que el Señor lo había perdonado, pero que el bebé moriría poco después de nacer. El bebé murió una semana después de nacer. Más tarde, la pareja tuvo otro bebé y lo llamó Salomón.

David fue un padre indulgente y hubo conflictos dentro de su familia y en todo el imperio durante muchos años. Como Natán había predicho, la inmoralidad y la rebelión aumentaron, hubo mucho derramamiento de sangre dentro de Israel y de su familia.

Con el tiempo, David hizo planes para construir un templo elaborado y, al final de su reinado, celebró una reunión pública para reconocer a Salomón como su sucesor (aún no tenía 30 años). David todavía es conocido como el líder más grande de Israel, a pesar de que él y muchos otros sufrieron a causa de sus pecados.

El rey Salomón y el templo

Salomón fue rey durante una época de paz y prosperidad. Su logro más importante fue la construcción de un templo permanente que fuera el centro de adoración religiosa de Israel. Hasta entonces, el tabernáculo utilizaba tiendas de campaña para el culto. Los fenicios proporcionaron arquitectos y técnicos expertos para diseñar el templo que se ajustaba a los planos del tabernáculo trazados por Moisés. El Templo era enorme y ocupaba el doble de terreno que requerían las tiendas del tabernáculo. Por ejemplo, la entrada del Templo tenía enormes pilares hechos de bronce, de 24 pies de alto y 18 pies de diámetro. Sus enormes puertas tenían incrustaciones de oro y elaboradas decoraciones que se abrían al santuario, que tenía pisos y paredes bien decorados. En el interior no se veía ninguna piedra.

Se necesitaron siete años para completar el Templo, y cuando estuvo terminado, la gente estaba tan feliz que sacrificaron miles de animales en su dedicación para mostrar su agradecimiento a Dios.

La sabiduría y la riqueza de Salomón

Salomón era conocido por ser un rey sabio que sabía lidiar con casos complejos e inusuales. Oró a Dios pidiendo sabiduría y la obtuvo. En un caso, dos mujeres acudieron a él y dijeron ser madres de un niño. Salomón dijo que cortaría al niño por la mitad y le daría a cada mujer una parte del niño. Al escuchar eso, una madre dijo que le entregaría el niño a la otra, demostrando así que ella era la verdadera madre. Personas de todo el mundo vinieron a Salomón para aprender de él.

La sabiduría y las excelentes habilidades organizativas de Salomón mantuvieron a Israel en paz con sus vecinos y ayudaron a enriquecer a la nación. La creciente riqueza del pueblo aumentó a medida que pagaban fuertes impuestos y, con los obsequios de muchos visitantes, Salomón se convirtió en el rey más rico del mundo.

Salomón tuvo muchas esposas, incluidas mujeres de otras naciones. A pesar de la advertencia de Moisés de no casarse con extranjeros, se casó con la hija del faraón egipcio y con mujeres de cinco de las naciones en las fronteras de Israel para ayudar a garantizar la paz. Empujó el imperio de Israel más lejos que David y conoció a mujeres con diferentes sistemas de valores y creencias, que Salomón toleró con un espíritu de flexibilidad. Su harén tenía 700 esposas y princesas y otras 300 mujeres que le produjeron hijos. El éxito y la prosperidad mancharon su juicio, y gradualmente comprometió sus valores y adquirió ídolos de adoración y construyó altares para adorar a los dioses asociados con sus muchas esposas.

Cerca del final del reinado de Salomón, se levantaron adversarios en todo el reino y desafiaron su gobierno. Las amenazas también venían desde dentro. Jeroboam era uno de los funcionarios de Salomón y conoció a un profeta que le dijo que Israel se dividiría en dos partes después de la muerte de Salomón y que Jeroboam sería el líder de una parte del reino.

Salomón reinó durante 40 años y fue reemplazado por su hijo Roboam. Su reputación como gobernante sabio perdura hasta el día de hoy, pero muchos de sus logros dependieron del trabajo esclavo de los israelitas, quienes pagaban fuertes impuestos para hacer grande a Israel. Habían pasado casi 500 años desde que Moisés sacó a los israelitas de Egipto y levantó el tabernáculo en el desierto. Ahora Israel era una nación como las demás, con un rey y un lugar permanente para adorar. Al igual que David, el legado de Salomón fue una mezcla de grandeza y fracasos personales.

(El mapa 4 en el Apéndice E muestra las áreas controladas por los tres reyes).

4
REYES MALVADOS RESISTEN LAS ADVERTENCIAS DE LOS PROFETAS EN UN REINO DIVIDIDO

Cuando Salomón murió, dos hombres pensaron que debían ser rey. Como sucesor de Salomón, Roboam fue coronado rey por las tribus de Israel. Sin embargo, algunos líderes se quejaron de que querían alivio de los bajos salarios y los altos impuestos que les imponía Salomón. Querían que Jeroboam fuera rey. Cuando Roboam decidió no reducir los impuestos y exigió aún más al pueblo, todos los de todas las tribus, excepto Judá, se retiraron y nombraron a Jeroboam su rey.

La nación estaba al borde de una guerra civil. Pero la guerra se evitó cuando un profeta dijo que Dios quería que las tribus se dividieran en dos reinos. Los de las tribus de Judá y Benjamín estaban en el sur, y se llamaban a sí mismos *Judá*. Era conocido como el *Reino del Sur* e incluía la capital en Jerusalén. Los de las otras 10 tribus del norte se llamaban a sí mismos *Israel*, y su "nación" era conocida como el *Reino del Norte*. (El mapa 5 en el Apéndice E muestra las áreas de los dos reinos).

Las dos naciones eran rivales y a menudo lucharon en los muchos años siguientes. La frontera entre los reinos estaba a unas 10 millas al norte de Jerusalén. Ambas naciones tuvieron 20 reyes y su división redujo el poder de cada reino. Como resultado, a menudo eran atacados por invasores extranjeros. Varios profetas hablaron y escribieron a ambas naciones cuando su pueblo se desvió de los caminos de Dios.

El Reino del Norte y sus profetas

Jeroboam cambió la forma en que se practicaba la religión en el norte. Estableció becerros de oro como su dios y nombró sacerdotes que no tenían experiencia en el desempeño de sus funciones. Cualquiera podía ser sacerdote y era un trabajo fácil y con muchos beneficios. El reinado de Jeroboam duró 22 años. Resistió a los profetas que condenaron sus malas decisiones.

De los 20 reyes que sirvieron en el Norte, algunos tuvieron reinados muy largos (uno gobernó durante 41 años) y otros fueron muy cortos (uno duró sólo 7 días). Casi todos los reyes eran malvados. Muchos profetas hablaron la verdad de Dios a los reyes acerca de la necesidad de apartarse de los malos caminos, pero por lo general los profetas fueron ignorados o asesinados.

Amós, Elías, Eliseo y Oseas

Amós fue un profeta durante El reinado de Jeroboam. La región vivía cómodamente durante una época de prosperidad, pero la riqueza no estaba distribuida uniformemente y existían muchas injusticias sociales. A través del lujo egoísta y la opresión de los pobres, los ricos vivían bien mientras muchos otros luchaban.

Amós escribió que los rituales religiosos no tienen sentido cuando existe una falta de justicia. Criticó la injusticia social en otras naciones y en el Reino del Sur y dijo que les llegaría el juicio divino. Pero luego escribió que en el Reino del Norte estaban sucediendo las mismas cosas: males sociales, injusticia e inmoralidad. Si otros merecían castigo, también lo merecía Israel. De hecho, fue aún peor porque los israelitas eran el pueblo elegido de Dios y deberían saberlo mejor. El pueblo rico de Israel odiaba la rendición de cuentas, se resistía a la verdad, aceptaba sobornos, descuidaba a los pobres y acosaba a los justos. Amós dijo que su castigo sería inevitable y predijo un exilio: Dios no podía ser sobornado con ofrendas y sacrificios cuando prevalecía la pecaminosidad del pueblo. Pero también predijo que los israelitas regresarían del exilio y experimentarían un tiempo de paz y que la dinastía de David continuaría a través de un remanente de personas que permanecieran fieles.

Elías fue el principal profeta que habló la verdad de Dios en el Reino del Norte. Después de que Elías predijo una sequía, se escondió en el desierto y luego vivió con una viuda muy pobre al norte de Canaán. Los hombres del rey fueron enviados a matarlo y mataron a otros profetas, pero no pudieron encontrar a Elías.

Finalmente salió y le dijo al rey que la sequía se había producido porque Israel no seguía a Dios. Elías desafió a 850 profetas de Baal y otros dioses a una prueba de poder; sería el único profeta de Dios. Los profetas de Baal fracasaron en sus intentos de que Baal quemara un toro sacrificado, incluso después de bailar y orar durante muchas horas. Elías se burló de ellos: "Griten más fuerte. ¡Seguramente Baal es un dios! Tal vez esté sumido en sus pensamientos, ocupado o viajando. Quizás esté durmiendo". Los profetas gritaron más fuerte, se hicieron cortaduras, derribaron el altar de Elías y oraron frenéticamente, pero no pasó nada.

Luego Elías reconstruyó su altar, cavó una zanja a su alrededor e hizo que los profetas del rey echaran agua sobre el toro hasta que quedó totalmente empapado y el agua llenó la zanja. Entonces Elías oró: "Dios de Abraham, de Isaac y de Israel, que todos sepan que tú eres Dios y yo soy tu siervo". Cayó fuego del cielo y quemó el toro, el altar, la tierra y consumió toda el agua de la trinchera.

Todos los que miraban cayeron y gritaron: "¡Tu Señor es Dios!" Elías les dijo que mataran a todos los profetas de Baal, y pronto comenzaron fuertes lluvias que pusieron fin a la sequía de 40 meses. Continuó hablando la verdad al Reino del Norte y bendijo a Eliseo como el próximo profeta. Elías fue llevado al cielo en un tornado justo ante los ojos de

Eliseo; Un gran grupo de búsqueda pasó tres días buscando el cuerpo, pero no se encontró ningún cuerpo.

Eliseo realizó muchos milagros entre el pueblo. En un caso, un sirio que trabajaba para el ejército de Israel llamado Naamán tenía una enfermedad cutánea notable. Se había casado con una mujer israelita que le habló de los milagros de curación de Eliseo. Se encontró con Eliseo, quien le dijo que se lavara siete veces en el río Jordán. Naamán se molestó ante esta exigencia, pero sus sirvientes le dijeron que si Eliseo le hubiera pedido que hiciera algún gran acto que usara sus fuerzas para ser sanado, seguramente lo haría. ¿Era demasiado orgulloso para lavarse en el río? Entonces Naamán se humilló, se lavó en el río y quedó sano.

Israel y Siria lucharon ocasionalmente y el Reino del Norte perdió territorio gradualmente. Al utilizar la visión que Dios le había dado, Eliseo a menudo avisaba a los líderes israelíes sobre los planes sirios, por lo que Israel siempre estaba preparado para sus ataques. El rey sirio pensó que había un traidor entre ellos, pero le dijeron que Eliseo podía predecir el futuro y sabía de antemano los ataques.

El rey sirio quería matar a Eliseo y rodeó la ciudad donde se alojaba Eliseo. Pero Eliseo no tuvo miedo porque Dios envió multitud de caballos y carros ardiendo con fuego en las colinas. Cuando los sirios se acercaron a la ciudad, Dios los cegó. Luego, Eliseo les dijo a sus líderes que estaban atacando la ciudad equivocada y que los llevaría a donde encontrarían a quien buscaban. Eliseo dirigió al ejército ciego a Samaria, donde se encontraban el rey y el ejército de Israel. Cuando Dios abrió sus ojos, ¡fueron rodeados por sus enemigos!

Eliseo le dijo al rey que alimentara al ejército sirio y los enviara a casa. Los sirios regresaron a casa y detuvieron sus incursiones en Israel durante muchos años. Cuando se reanudaron los ataques sirios, rodearon Samaria e impidieron que entraran alimentos a la ciudad, provocando una hambruna en la ciudad. Pero Dios proporcionó comida al día siguiente cuando los sirios huyeron después de escuchar sonidos parecidos a truenos que se asemejaban a un ejército cargado con carros. El pueblo de Samaria tuvo entonces acceso a todos los alimentos y animales que el ejército sirio dejó atrás.

Oseas fue uno de los últimos profetas en advertir a Israel de su ruina venidera. Usando poesía, escribió que Dios le pidió que tomara a una prostituta como esposa y tuviera hijos con ella. De esa manera entendería cómo se siente Dios al tratar con una pareja infiel. Los nombres de sus hijos indicaban que Israel era como alguien que fue infiel en un matrimonio porque se había enamorado de otros dioses. Por lo tanto, Dios los dejaría porque habían cometido adulterio. Oseas estaba advirtiendo a Israel que quedarían separados de la protección de Dios y que sus palacios y ciudades fortificadas serían destruidos. Dios desea misericordia y reconocimiento, no sacrificios y holocaustos. "Israel debe volver a Dios, mantener el amor y la justicia y esperar siempre en Dios". Oseas terminó su mensaje como Amós, quien anteriormente predijo que Dios todavía los amaría como los padres aman a sus hijos. Dios perdona y sana a los fieles, y algunos regresarían y vivirían en la tierra que Dios les había dado.

El Reino del Sur y sus profetas

Al igual que los reyes del norte, muchos de los reyes de Judá fueron infieles a Dios. Hubo períodos de paz y prosperidad más largos en el Reino del Sur que en el norte y períodos más largos en los que estos descendientes de David y Salomón escucharon a los profetas de Dios y dejaron de adorar a otros dioses. Algunos de los fieles que vivían en el norte desertaron y se trasladaron al Reino del Sur: Jerusalén todavía era respetada y estaba cerca de la frontera. De los 20 reyes de Judá, Manasés fue el que reinó por más tiempo (55 años), mientras que varios otros gobernaron solo durante tres meses.

Al igual que los habitantes del norte, los habitantes de Judá hicieron lo malo ante los ojos del Señor. Bajo Roboam, el primer rey, la gente erigió muchos altares a otros dioses e hizo las mismas cosas horribles que hicieron los que originalmente vivieron en Canaán. Egipto atacó Jerusalén y se llevó todos los objetos de oro que Salomón había puesto en el templo y en el palacio real.

Así como los profetas hablaron, escribieron a los líderes y al pueblo del norte e hicieron predicciones sobre los acontecimientos venideros, varios profetas hablaron y escribieron de la misma manera a los del Reino del Sur.

Josafat, Isaías y Miqueas

Josafat fue un rey que reinó 25 años. Hizo reformas que devolvieron al pueblo las prácticas religiosas utilizadas bajo David y Salomón. Hizo quitar los altares a dioses extranjeros y sus buenas políticas trajeron la paz entre Judá, los filisteos y las naciones árabes. También tenía buenas relaciones con el Reino del Norte, por lo que Judá no tenía enemigos en sus fronteras. Estas políticas religiosas y políticas condujeron a la paz y la prosperidad económica en el Reino del Sur. Cuando fue reprendido por un profeta, escuchó e hizo reformas. Por ejemplo, nombró jueces que hacían hincapié en la justicia y no aceptaban sobornos.

Sin embargo, Josafat no escuchó a todos los profetas cuando fue confrontado, y algunos de sus caminos pasaron a su hijo Joram cuando gobernaron juntos. Cuando Joram tomó el control total del trono, Judá volvió a caer en la adoración de ídolos y experimentó guerras nuevamente. Joram asesinó a seis de sus hermanos y construyó altares a los ídolos. Su único hijo Ocozías continuó el horrible gobierno de su padre.

Isaías fue el que más escribió de todos los profetas y predijo un rey venidero. Nació durante tiempos prósperos, y su extensa poesía y otros escritos condenaron duramente el constante declive moral de Israel debido a la corrupción y la injusticia. Pero también brindó una gran esperanza en lo que vendrá en el futuro. El juicio y la esperanza están entretejidos en sus palabras, que fueron escritas a lo largo de muchos años.

Primero escribió que Dios condena a los de Judá y Jerusalén porque son corruptos y están llenos de malos caminos. Sus sacrificios y reuniones religiosas no tienen sentido porque la gente no obedece a Dios. A través de Isaías, Dios dijo:

> ¿Crees que quiero todos estos sacrificios y ofrendas? Me da asco el olor de tu incienso. Cuando levantas las manos en oración, no te veo; cuando me dices muchas oraciones, no te escucho. ¡Deja de hacer el mal! No has sido justo con los demás, no has ayudado a los que sufren a causa de tu injusticia, y no has apoyado a los huérfanos y a las viudas.

Israel era como la viña de Dios, y si no producía fruto a pesar de los muchos esfuerzos del propietario, la viña sería destruida. En la vida real, las naciones impías de los asirios y babilonios serían las destructoras, utilizadas por Dios para castigar a los israelitas.

Isaías también brindó esperanza de restauración. Aunque los israelitas serían derrotados y destruidos, una vida correcta conduciría a la paz para quienes confiaran en Dios. Con el tiempo, las naciones malvadas conquistadoras serían derrocadas, y de lo que quedaba de los israelitas que sobrevivieron, un descendiente de David llegaría al poder y lideraría un reino mundial que duraría para siempre. El mal sería destruido y la viña de Dios volvería a ser fructífera.

Isaías escribió acerca de un líder justo que vendría, Emanuel ("Dios con nosotros"), quien sería "Dios fuerte" en forma humana y prevalecería en todo el mundo. Dios dice: "Las personas serán juzgadas según su justicia, su equidad y su forma de vida correcta". Sin embargo, el juicio y la destrucción vendrán primero. Los que tienen fe no deben preocuparse porque "los granos de trigo serán separados de la paja". Su esperanza está en lo que viene después de sus luchas, y los que esperan serán bienaventurados, porque Dios da fuerza a los que están cansados y débiles. "Los que tienen esperanza en el Señor renovarán sus fuerzas. Se remontarán alto como las águilas, correrán y no se cansarán, caminarán y no desmayarán".

Isaías describió al que vendría como un "siervo". Abraham fue el primer siervo de Dios porque obedeció el llamado de mudarse a Canaán. Israel era una nación elegida por Dios para ser un siervo obediente y un testigo ante el mundo del poder y la compasión de Dios. El siervo venidero tendría el espíritu de Dios para que su reino establezca una justicia que se extienda a otras naciones (los no israelitas llamados "gentiles").

El siervo venidero sería inocente y viviría correctamente. Será como un pastor que cuida con ternura a sus ovejas. Parecerá un ser humano normal, pero será muy especial en otros aspectos: el único de su especie que camina sobre la tierra. Sin embargo, muchas personas lo malinterpretarían, lo rechazarían, y lo matarían de una manera espantosa. Sin embargo, mediante el sacrificio de su propia sangre, este siervo salvaría a todos los pueblos de sus pecados, acercando a todos a Dios, incluso a aquellos que no son parte de la nación de Israel. Más tarde sería criado y elogiado.

Estos mensajes inusuales están entrelazados. Una persona de gran poder y bondad sería rechazada por aquellos a quienes viene a servir. No usaría su poder ni su razón para defenderse o salvarse, y su muerte trae vida a otros. Iría al infierno, conquistaría la muerte y regresaría más poderoso que nunca, y les daría a otros algunos de sus grandes poderes. ¡El siervo es el más grande de todos!

Isaías escribió sobre la llegada del rey a las tribus de ambos reinos que se habían vuelto ciegos, sordos y desobedientes. Escribió que Dios dice:

> ¡Estoy haciendo algo nuevo! Estoy abriendo un camino a través del desierto y guiaré a los ciegos por caminos que no han conocido. Convertiré la oscuridad en luz, ¡así que no teman! Mío eres tú, y cuando pases por las aguas, yo estaré contigo. Cuando camines por los fuegos de la vida, no te quemarás. El rey venidero será despreciado, rechazado y sufrirá. Él asumirá nuestro dolor y será asesinado por nuestros pecados. Su castigo nos traerá paz. Aunque nunca fue violento ni mintió, no protestará. Pero él sabrá lo que está pasando. Es la voluntad de Dios que él sea aplastado, porque su vida es una ofrenda por nuestro pecado, y él intervendrá por todo aquel que peque.

Isaías continuó escribiendo sobre el juicio. Él sabe lo que Dios requiere y no lo ve entre la gente. Hace un llamado al pueblo y a los líderes para que se alejen de la violencia, la adoración de ídolos y la injusticia con quienes carecen de poder. Él llama a la gente a regresar al Señor. Dios dice:

> Tienes tus rituales religiosos y practicas el ayuno y la oración, pero no tratas a los demás de manera justa. ¿Esperas que escuche tus oraciones, quede impresionado y te bendiga? Tus rituales ocurren una vez por semana. Lo que quiero es que tengas un espíritu humilde y ofrezcas aliento y apoyo a aquellos con el corazón roto. Me alegro cuando veo a mi pueblo romper las cadenas de la injusticia, liberar a la gente de los pesados yugos que pesan sobre ellos, alimentar a los hambrientos, dar refugio a los sin hogar, vestir a los desnudos y apoyar a los que carecen de poder: estas son señales. de la verdadera religión. Cuando vea estas cosas, los escucharé, los sanaré, y vendrá la luz a sus tinieblas.

Isaías dice que Dios no ve a nadie que cumpla con la definición de santidad, y concluye con una descripción de las señales que indican que el rey venidero, el Redentor, ha llegado. El Redentor dirá:

> El Espíritu del Señor está sobre mí y me ha ungido para proclamar la buena nueva a los pobres. Dios me ha enviado a consolar a los quebrantados de corazón, a liberar a los cautivos, a los prisioneros de sus tinieblas, a proclamar el Año del Jubileo, a consolar a todos los que lloran y afligidos, a darles una corona de belleza en lugar de cenizas y un manto de alabanza. en lugar de un espíritu de desesperación.

Isaías dijo que el gobernante creador de paz de este reino revivido sería un descendiente de David. El reino del gobernante crecería y dominaría el mundo, traería la paz, influiría en otras naciones y triunfaría sobre los impíos. Isaías escribe:

> En los últimos días, las naciones acudirán juntas al Señor y aprenderán a trabajar juntas de la manera correcta. Dios será el juez entre los pueblos y resolverá las disputas que

las naciones tengan entre sí. Las naciones no lucharán entre sí y sus pueblos ya no se entrenarán para hacer la guerra. Cambiarán sus espadas por arados y sus lanzas por hoces.

Miqueas escribió al mismo tiempo que Isaías y Oseas con mensajes de juicio y esperanza. Vio la corrupción política y religiosa en la región y su fuerte crítica fue similar a lo que escribieron Isaías y Oseas. Dijo que tanto Jerusalén como Samaria (las principales ciudades del sur y del norte) eran malas debido a su idolatría, su corrupción que oprimía a los pobres e ignoraba la justicia en los tribunales, y su falta general de interés en resolver los problemas de la sociedad. El rey Salomón había escrito sabios proverbios acerca de cómo la pereza causaba la pobreza de la gente, pero Miqueas escribe que las personas también pueden ser pobres porque aquellos con poder ignoran los problemas de los pobres y usan todos sus privilegios para mantener su estilo de vida extravagante.

Pero a diferencia de Amós, Isaías y Oseas, Miqueas no les dice a los israelitas que se arrepientan. En cambio, los llama al "tribunal" para presentar su caso ante Dios, quien es a la vez testigo y juez. ¿Qué requiere Dios para que las personas escapen de un posible castigo? Las personas deben "actuar con justicia, amar la bondad y caminar humildemente con Dios". Moisés dijo que el pueblo debía amar a Dios y a su prójimo como a sí mismo, y el pueblo no había hecho eso. Por lo tanto, el pueblo perderá en el tribunal de Dios porque no tuvo la relación correcta con Dios y con los demás. El castigo por su mala conducta fue la destrucción de sus naciones y ciudades, y serían llevados al exilio a Asiria y Babilonia.

Después de predecir el juicio y el exilio, Miqueas brindó esperanza para el futuro. Un pequeño número de israelitas débiles y exiliados regresaría y construiría las ciudades nuevamente. "Dios no permanece enojado para siempre, sino que se deleita cuando la gente muestra misericordia". Miqueas también predijo que el futuro líder de Israel vendría de la ciudad de Belén.

* * * * *

Los israelitas del norte y del sur no escucharon las advertencias y predicciones de los profetas sobre las próximas invasiones de sus enemigos. La injusticia, la violencia y el pecado religioso continuaron tanto en Israel como en Judá, y sus líderes no se dieron cuenta de cuán pronto se harían realidad las predicciones de los profetas. (El mapa 6 en el Apéndice E muestra más detalles sobre los dos reinos).

5
AMBOS REINOS CAEN

Los asirios atacaban con frecuencia zonas ocupadas por
israelitas, sirios y fenicios. Un rey asirio fue particularmente
brutal cuando se expandió hacia el mar Mediterráneo y
comenzó a llevar cautivos a Asiria en lugar de permitir que
los pueblos conquistados permanecieran en su tierra. Se
llevó a forasteros a las zonas donde había vivido la población
local y los funcionarios asirios supervisaron la tierra. Esto
redujo las posibilidades de que la gente se revelara.

Cuando los asirios atacaron por primera vez áreas
del Reino del Norte, los reyes de Israel les daban dinero,
comida y otras cosas para comprar la paz. Finalmente, el
ejército asirio conquistó todas las zonas de la región excepto
las colinas del centro de Canaán. Los asirios capturaron a
más de 27.000 líderes políticos y militares de Israel y los
llevaron de regreso a Persia y Mesopotamia. Los asirios los
reemplazaron con su propio pueblo, y la mezcla de personas
de muchas áreas y culturas fuera de Israel resultó en muchos
tipos diferentes de prácticas religiosas. Nadie siguió al Señor
y todas las culturas se casaron entre sí. Colectivamente, se
les conocía como samaritanos porque la ciudad capital había
sido Samaria.

El Reino del Norte dejó de existir en el 722 a.C. El reino
había durado unos 210 años después de separarse de los
que vivían en Judá. En los últimos 30 años, Israel tuvo seis
reyes y estaba en rápido declive. Los profetas predijeron
su colapso, pero sus líderes nunca pidieron ayuda a Dios.
Habían olvidado cómo la obediencia a Dios los había hecho
grandes.

El Sur sobrevive, pero ignora a los profetas

El pueblo y los líderes del Reino del Sur continuaron con sus malas prácticas religiosas, pero la estrategia de Judá para lidiar con Asiria fue diferente. Los líderes de Judá dependían de estrategias políticas para mantener su prosperidad y paz. Cooperaron con los asirios que invadieron las áreas circundantes y derrotaron a los filisteos mientras su ejército avanzaba hacia el preciado imperio egipcio. Las predicciones del profeta sobre la caída del Reino del Norte se habían hecho realidad, pero los líderes del Sur no escucharon las advertencias de los profetas. Cuando un profeta advirtió al pueblo de Judá que no prosperarían si continuaban desobedeciendo los mandamientos de Dios, lo mataron en el templo. Algunos líderes fueron fieles a Dios, pero la mayoría no obedeció a Dios y abusó de su poder.

Ezequías, Josías y Jeremías

Ezequías fue un rey fiel que abolió la adoración de ídolos, destrozó altares a dioses falsos, limpió el templo y comenzó a celebrar la Pascua nuevamente. Invitó a los israelitas del norte a participar en estas actividades. Veinte años después de la caída del Reino del Norte, le dio al rey de Asiria 11 toneladas de oro del Templo como pago por la paz y la retirada de las ciudades de Judá que habían sido capturadas.

Pero cuando Ezequías murió, su hijo Manasés asumió el cargo de rey y condujo a Judá a su peor período de maldad. Se reconstruyeron altares a Baal y las prácticas asociadas con fuertes poderes malignos eran comunes, incluidos sacrificios humanos, horribles prácticas sexuales y adoración de demonios. Los profetas que condenaron estas prácticas fueron asesinados (probablemente Isaías fue uno de ellos). Ezequías había llevado a Judá a su punto más alto de moralidad, pero su hijo llevó a Judá a su punto más bajo.

Josías, el nieto de Ezequías, se convirtió en rey cuando sólo tenía ocho años. Judá había mantenido la paz celebrando tratados con otras naciones, pagando a los asirios y, en ocasiones, beneficiándose de los poderes de Dios. Judá obtuvo más independencia cuando los asirios comenzaron a retirarse de la región. Judá también amplió su influencia entre las tribus del norte, lo que renovó un sentido de orgullo nacional entre todos los israelitas. Cuando Josías tenía 16 años, había dejado de adorar a dioses falsos y estaba honrando al Dios verdadero. Más tarde inició otra ronda de reformas religiosas y destituyó a los sacerdotes que dirigían la adoración de ídolos. Cuando leyó el libro original de la Ley escrito por Moisés entre los escombros del Templo, se disgustó por lo lejos que se habían alejado los israelitas de Dios y de la Ley.

Durante este período, **Jeremías** habló al pueblo y a los líderes de Judá y dijo que el destino de Jerusalén sería el mismo que el de Israel un siglo antes: destrucción y exilio. Sabía que a la gente no le gustaría lo que diría, pero sabía que Dios lo apoyaría y protegería en tiempos difíciles y lo mantendría fuera de problemas. Dios le dijo: "Yo te elegí antes de formarte en el vientre; Te nombré profeta para las naciones". Jeremías le dijo a Dios que no hablaba bien y que era demasiado joven para ser profeta, pero Dios le dijo: "No digas que eres demasiado joven. Debes ir a todos los lugares a los que te envíe y decir lo que te diga que digas. No temas, yo estaré contigo y te rescataré".

Jeremías conocía a Josías y apoyó sus reformas. Cuando el siguiente grupo de reyes de Judá volvió a la adoración de ídolos, Jeremías les advirtió sobre los desastres venideros de la derrota y el exilio. El pueblo y los líderes lo persiguieron: fue arrestado, golpeado, encarcelado y amenazado de muerte muchas veces. En un momento, Jeremías fue arrojado a un pozo sin agua para morir de hambre lentamente en el barro, pero un equipo de hombres lo sacó que usó una larga cuerda hecha de trapos. Los falsos profetas dijeron que las predicciones de Jeremías no se harían realidad y que la gente debería ignorar sus mensajes de juicio y la necesidad de arrepentirse.

Los mensajes de Jeremías también contenían esperanza. Un pequeño número del pueblo de Dios regresaría de tierras extranjeras, y Dios crearía un nuevo acuerdo con ellos que reemplazaría el acuerdo original hecho con Moisés y los israelitas. En este nuevo acuerdo, las leyes de Dios quedarían escritas en los corazones de todas las personas y todos sus pecados serían perdonados. Un descendiente de David surgiría e instalaría la justicia y el derecho a vivir en la tierra, y su tierra nunca más sería derribada.

Joel, Sofonías, Nahúm y Habacuc

Otros profetas a Judá le dieron mensajes similares: Dios juzgará al pueblo por su desobediencia, deben arrepentirse porque Dios es misericordioso y perdona; los que no se arrepientan y desobedezcan serán destruidos y quitados, pero hay esperanza para los que aman a Dios y sobrevivan. Estos profetas incluyeron a **Joel**, quien escribió que Dios tiene un Espíritu que está disponible para todas las personas sin importar su edad, género o estatus social. Como único Dios universal que tiene autoridad sobre todas las criaturas de la tierra, Dios eventualmente juzgaría a todas las naciones. Los que se oponen a Dios serán derrotados, pero los fieles saldrán victoriosos.

El profeta **Sofonías** sorprendió al orgulloso y satisfecho pueblo de Judá al escribir que el juicio de Dios vendría pronto. Predijo que Jerusalén sería destruida y su pueblo sería capturado y llevado a Mesopotamia como castigo. Dijo que el pueblo debería aceptar este destino y someterse a los invasores extranjeros. La gente debía ser humilde, arrepentirse y vivir de la manera correcta. Si Dios castigó a otras naciones por su comportamiento impío, seguramente Dios castigaría a los israelitas por hacer lo mismo.

El profeta **Nahum** escribió poesía que condenaba a los asirios por su opresión, crueldad y maldad. Si bien Dios es "lento para la ira y refugio para los que confían en el Señor, Dios no dejará impune al culpable". Cualquier nación construida sobre una vida pecaminosa y crueldad eventualmente caerá. El reino de Dios, que se basa en la justicia para todos y en una vida correcta, triunfará. Dios es el Señor de todas las naciones y controla su futuro.

El profeta **Habacuc** escribió sobre una conversación que tuvo con Dios en lugar de dirigirse directamente al pueblo de Judá. Los fieles se preguntaban por qué no se castigaba a quienes eran injustos con los demás. Dios respondió que sucedería algo muy inusual: Dios usaría a los malvados babilonios para castigar a Judá. Habacuc luego preguntó por qué Dios usaría el mal para castigar el mal. Dios respondió que eventualmente los babilonios serían conquistados y el pueblo de Dios se levantaría nuevamente. Mientras tanto, "los justos vivirán por su fidelidad". Ser fiel significa depender de Dios, no simplemente seguir leyes y reglas.

El Reino del Sur cae

Los asirios finalmente perdieron su poder ante los babilonios, que usaron su poder contra Judá mientras avanzaban hacia el sur para conquistar Egipto. En cierto momento, 10.000 líderes de Jerusalén fueron capturados y enviados a Babilonia. Cualquier esperanza de un Israel revivido se desmoronó cuando Judá fue gradualmente desgarrada y sus reyes hicieron lo que las naciones extranjeras querían que hicieran. Jeremías le dijo continuamente al rey Sedequías de Judá que se rindiera a los babilonios para evitar el derramamiento de sangre, pero él no se rindió. Jeremías había llorado durante muchos años por los tercos israelitas y por cómo ignoraban sus mensajes sobre el juicio de Dios y la necesidad de arrepentirse. Probablemente escribió el libro de poesía llamado **Lamentaciones** que describe lo que sucedió cuando los babilonios destruyeron a Judá y la tristeza del pueblo cuando Jerusalén y el Templo fueron destruidos.

Jerusalén fue capturada por los babilonios en el año 586 a.C. después de haber estado rodeada durante más de dos años. La ciudad fue incendiada y sus murallas destrozadas. Los sobrevivientes más pobres se quedaron atrás y se esforzaron por mantenerse con vida, y Jeremías se quedó con ellos. Los supervivientes fueron atacados por nómadas del este y perdieron sus hogares. Al final, la mayoría de ellos decidió ir a Egipto para estar seguros, y probablemente Jeremías fue con ellos.

* * * * *

El Reino del Sur duró 136 años más que el Reino del Norte. Los descendientes de Abraham y Sara que se mudaron a Canaán eran conocidos como judíos, término derivado de la tribu y nación de Judá. Posteriormente, el término se aplicó a todos los israelitas, independientemente de su tribu o nación. Su religión se conocía como judaísmo y tenían una cultura única. El pueblo judío tiene un sentido compartido de nación y de identidad como pueblo elegido de Dios. La zona conocida como Canaán, desde el mar Mediterráneo hasta el río Jordán, también se llama Palestina y Tierra Santa. Pero pocos judíos vivieron en la zona después de la derrota de ambos reinos, y la mayoría de ellos fueron enviados cientos de kilómetros al este o trasladados a otro lugar. (El mapa 7 en el Apéndice E muestra adónde fueron los judíos después de ser conquistados).

Los israelitas mantuvieron buenos registros de acontecimientos históricos y de personas importantes que vivieron en Canaán, emigraron a Egipto, vagaron por el desierto, conquistaron Canaán y vivieron en Palestina. Pero cuando Jerusalén fue atacada y la mayoría de los judíos fueron llevados a Babilonia, se dejó de llevar buenos registros. Como resultado, no sabemos mucho sobre las vidas de quienes viven en tierras extranjeras.

La tierra que los israelitas dejaron atrás estaba controlada por los edomitas y babilonios. Los judíos habían abandonado la esclavitud en Egipto, derrotado a potencias locales en Canaán y resistido a naciones más fuertes de Siria, Asiria y Babilonia. Pero debido a su desobediencia a Dios, en unos 500 años los judíos pasaron de tener su primer rey a no tener rey alguno. Cuando Jerusalén fue conquistada, habían pasado más de 1.250 años desde que Abraham se mudó a Canaán, y ahora la mayoría de los judíos estaban en Mesopotamia, a cientos de kilómetros del hogar de sus antepasados en Canaán. Palestina se convirtió principalmente en un campo de batalla entre egipcios y babilonios.

6
VIDA EN EL EXILIO, LUEGO RESTAURACIÓN

Finalmente, los babilonios fueron conquistados por los persas liderados por Ciro el Grande. Los judíos que vivían en la región generalmente eran tratados con amabilidad y aprendían el idioma arameo, que se usaba en los negocios, el comercio y la diplomacia. La mayoría de los judíos participaron activamente en la economía local. Algunos trabajaron en proyectos de construcción; tenían experiencia en la construcción de grandes estructuras en Palestina. Algunos trabajaron en la agricultura y otros se involucraron en los negocios y el comercio. Unos pocos trabajaban en asuntos gubernamentales. Intentaron vivir juntos en ciudades dispersas por la región para poder mantener sus costumbres y religión.

Los judíos que vivían en Babilonia se preguntaban cuándo regresarían. Los falsos profetas predijeron que regresarían pronto, y esto provocó rebeliones contra los babilonios porque pensaron que Dios los liberaría. Pero los líderes rebeldes fueron ejecutados. Mientras tanto, Jeremías escribió cartas desde Palestina a los que estaban en el exilio para decirles que debían establecerse y aceptar el castigo de Dios. Les dijo que "construyan casas y vivan en ellas, planten jardines, tomen esposas y tengan hijos, busquen el bienestar de la ciudad a donde Dios los envió y oren a Dios por la ciudad, porque en su bienestar encontrarán el suyo también. " Sus predicciones de que algún día regresarían les dieron esperanza: sólo tenían que tener paciencia para saber cuál era el momento adecuado para partir. Esto confundió a quienes vivían en el exilio: ¿volverían pronto a casa o no?

Ezequiel y Daniel

El profeta **Ezequiel** era un judío religioso y bien educado que vivía en Babilonia. Cuando tenía 30 años, Dios lo llamó para hablar con los judíos que vivían en Babilonia sobre cuándo regresarían a Palestina. Tuvo una visión muy inusual de Dios y utilizó acertijos, historias y acciones simbólicas para frustrar las esperanzas de los judíos que querían regresar a Jerusalén. Había predicho que los judíos en Jerusalén serían capturados, y dijo que aquellos en el exilio no regresarían a sus hogares en un futuro cercano; con el colapso de Jerusalén, no había lugar al que ir.

Ezequiel se comunicaba de maneras inusuales. Actuó de manera tan extraña que los judíos en Babilonia lo visitaron para ver su extraño comportamiento. Sus visiones tenían el mensaje de que los judíos regresarían a su tierra natal. Dijo que la reputación de Dios en todo el mundo sería restaurada e Israel volvería a ser una nación. Tuvo una visión de huesos secos tirados en un campo que volvían a la vida y eran unidos y luego cubiertos con piel para volver a estar vivos. Explicó lo que Dios quería que supieran:

> No es por ustedes que hago estas cosas, sino por mi santo nombre, el cual han maltratado entre las naciones. Mostraré que mi nombre es santo. Las naciones sabrán que yo soy el Señor. Les daré un corazón nuevo y pondré mi espíritu en ustedes. Habrá un rey sobre todos ustedes, un solo pastor.

Daniel y sus fieles compañeros

Daniel era tanto un líder religioso como un líder político que vivió en Babilonia antes de que Jerusalén fuera destruida. Recibió una buena formación en actividades religiosas cuando vivió en Judá y era muy brillante y sabio. Aprendió arameo con fluidez porque él y otros tres judíos (Sadrac, Mesac y Abednego) fueron invitados por el rey

Nabucodonosor a aprender arameo cuando llegaron a Babilonia. Daniel escribió mensajes tanto en hebreo como en arameo, lo que hizo que sus mensajes estuvieran disponibles para los no judíos en otras naciones.

Cuando a él y a sus tres amigos les dieron comida impura durante su entrenamiento, se negaron a comerla. Pidieron recibir solo verduras y agua, y en 10 días estaban más sanos que los que comían del menú real. Después de tres años de entrenamiento, el rey vio que los cuatro hombres eran muy superiores a todos los demás que le servían.

Cuando el rey tuvo un sueño perturbador y ninguno de sus magos y astrólogos pudo decirle qué había soñado y qué significaba, ordenó matar a todos los sabios de Babilonia. Cuando estaban a punto de llevarse a Daniel, preguntó por qué lo mataban. Cuando se enteró de la orden del rey, pidió hablar con el rey después de tener la oportunidad de escuchar sobre el sueño. Daniel explicó la situación a sus tres compañeros. Todos oraron intensamente a Dios para que les diera una idea del sueño.

Luego, Daniel tuvo un sueño que reveló las respuestas a las preguntas del rey. Por la mañana, le dijo al rey: "Nadie en la tierra puede responder estas preguntas, pero hay un Dios en el cielo que conoce el significado de tus sueños. Este Dios me ha revelado que describe lo que sucederá en el futuro". Luego Daniel le explicó al rey qué era el sueño y qué significaba. El final del sueño reveló que Dios establecería un reino que nunca sería destruido.

Daniel había respondido correctamente. El rey Nabucodonosor honró a Daniel y a su Dios, diciendo: "Ciertamente vuestro Dios es Dios de dioses, Señor de reyes, y revelador de misterios". Entonces el rey nombró a Daniel gobernante de toda la provincia de Babilonia y lo puso a cargo de todos sus sabios. Daniel dispuso que el rey nombrara a sus tres amigos para supervisar toda la obra del gobierno de Babilonia.

Más tarde, durante su reinado, el rey Nabucodonosor hizo una estatua dorada de sí mismo de 90 pies de altura en un campo cerca de Babilonia. En su inauguración, se ordenó a todos que se inclinaran y adoraran; los que no lo hicieran serían arrojados a un horno de fuego. Los tres amigos de Daniel estuvieron en la inauguración, pero no se inclinaron, y era obvio para todos que desobedecieron esta orden. Los tres hombres fueron arrestados y llevados ante el rey enfurecido. Los hombres le dijeron al rey: "No necesitamos defendernos ante ti. Si nos arrojas al fuego, nuestro Dios podrá librarnos de él. Pero incluso si nuestro Dios no nos salva, queremos que sepas que no adoraremos a otro dios ni nos inclinaremos ante la imagen de oro que tú levantaste".

El rey se enfureció y ordenó que los ataran y los arrojaran al horno. El calor era tan intenso que los soldados que llevaron a los hombres al horno murieron a causa de las llamas. Pero los tres hombres no ardieron en el horno, y los que miraban vieron cuatro figuras caminando en el fuego: Dios estaba con ellos. El rey les ordenó salir del horno, y cuando los tres hombres salieron, no habían sufrido ninguna quemadura. El rey quedó tan asombrado que ordenó que nadie dijera nada malo sobre el Dios de los judíos, y cualquiera que lo hiciera sería asesinado. Luego, el rey ascendió a los tres hombres.

Cuando los persas conquistaron Babilonia, Daniel continuó trabajando como líder del gobierno persa. Otros estaban celosos de su poder y conspiraron contra él, pero la reputación de Daniel como funcionario gubernamental sabio y justo era impecable. Dos funcionarios conspiraron para castigar a Daniel por su religión. Consiguieron que el rey emitiera un edicto según el cual cualquiera que fuera encontrado adorando a un dios que no fuera el rey durante los próximos 30 días sería arrojado a un foso con leones. Cuando los funcionarios encontraron a Daniel orando hacia Jerusalén en su forma habitual, se lo dijeron al rey.

El rey quedó consternado porque Daniel era una persona muy respetada. Pero los funcionarios le recordaron al rey que había emitido un edicto que no podía cambiarse, por lo que Daniel fue arrojado a los leones. El rey le dijo a Daniel: "¡Que tu Dios, a quien siempre sirves, te salve!"

La cueva fue sellada con una gran piedra y el rey no pudo dormir esa noche. Por la mañana, el rey fue al foso y llamó el nombre de Daniel. Daniel respondió: "Mi Dios envió un ángel que cerró la boca de los leones. No me han hecho daño porque Dios me encontró inocente". Luego el rey hizo sacar a Daniel del pozo y arrojó al pozo a los hombres que conspiraron contra Daniel, junto con sus esposas e hijos. Todos ellos fueron rápidamente asesinados y devorados por los leones hambrientos.

Cuando Daniel era muy anciano, tuvo sueños y visiones extraños sobre lo que sucedería en el futuro. Escribió que se levantarían muchos reinos malvados y que muchas personas santas serían asesinadas. Pero estos reinos terrenales algún día serían destruidos para siempre por un último reino, establecido por Dios, que no tendrá fin. Aunque no entendió el significado de estas visiones, las escribió para que otros pudieran leerlas más tarde cuando se pudiera determinar su significado.

Una nueva política impulsa su regreso y restauración

El rey Ciro de Persia revirtió la política de trasladar a la gente de las áreas que conquistó de regreso a Mesopotamia. Animó a las personas que habían sido capturadas a regresar a sus hogares y adorar a sus propios dioses, y permitió que los judíos regresaran a sus hogares. Pero para entonces, muchos de ellos se habían instalado en trabajos bien remunerados y vivían cómodamente, y desaprovecharon la oportunidad de mudarse a Palestina.

El rey Ciro creía en el Dios judío y quería reconstruir el Templo en Jerusalén. Animó a los judíos de Babilonia a dar oro, animales y suministros a quienes quisieran regresar a casa y reconstruir la ciudad y el Templo. Unos 50.000 judíos pronto hicieron el viaje de 900 millas de regreso a Palestina, y Ciro envió artículos que habían sido tomados del Templo. Cuando llegaron, habían pasado unos 70 años desde que el primer grupo de exiliados de Judá llegó a Babilonia. (Jeremías predijo que habría 70 años de exilio).

Jerusalén había estado desierta durante 50 años y estaba en ruinas. A los judíos les llevó siete meses organizarse y empezar a practicar sus actividades religiosas nuevamente. Hicieron holocaustos y celebraron sus fiestas. La construcción de un nuevo templo comenzó utilizando materiales comprados a los fenicios, y los levitas supervisaron el trabajo. Mientras muchos celebraban su regreso y alababan a Dios, los ancianos que recordaban cómo era Jerusalén lloraban abierta y amargamente por el estado en el que se encontraba.

Los que vivían en la cercana Samaria querían ayudar a construir el templo. Los samaritanos ocuparon tierras en lo que había sido el Reino del Norte y se casaron con los extranjeros que fueron traídos a la región. Cuando no se les permitió ayudar, se enojaron con los judíos que regresaron y trabajaron en contra de sus esfuerzos por reconstruir el área. Las obras del Templo se detuvieron durante 16 años debido a su oposición.

Ageo y Zacarías

El trabajo en el Templo se reanudó cuando el rey Ciro fue reemplazado por un nuevo rey de Persia que estaba interesado en la religión de su imperio. El profeta **Ageo** le recordó a la gente que construir el Templo era una prioridad más alta que mejorar aún más sus propias casas. La construcción del Templo pronto comenzó de nuevo, pero su entusiasmo por el proyecto se debilitó cuando se dieron cuenta de que la nueva estructura no se acercaría a lo que se había construido bajo el rey Salomón. Aunque carecían de trabajadores y dinero para hacer bien el trabajo, Ageo animó al pueblo prediciendo que el nuevo Templo sería más grande que el anterior. Dios habló a través de Ageo.

> Sean fuertes, porque yo estoy con ustedes. Mi Espíritu permanece entre ustedes. Dentro de poco haré estremecer a todas las naciones, y vendrá lo deseado

por todas las naciones, y la casa estará llena de gloria. La gloria será mayor que en la casa anterior.

Al mismo tiempo, el profeta **Zacarías** tuvo un mensaje similar pero más largo para los judíos. En una serie de sueños, visiones y mensajes simbólicos, ve que el pueblo de Dios ha regresado y su nación se está restaurando gradualmente. Cuando se construye el Templo, le promete al pueblo un futuro glorioso. Aunque Judá había caído, Jerusalén se levantará de nuevo mientras todas las demás naciones caerán. El Señor dijo: "Jerusalén no tendrá muros porque en ella vivirán muchas personas y animales". Dios reprendería al mal (Satanás) y un líder servidor llamado el Renuevo lideraría la restauración. Este líder será sacerdote ante Dios y quitará los pecados de todas las personas en un solo día. La justicia y la paz reemplazarán a la maldad y el espíritu de Dios se esparcirá por todo el mundo. Todas estas cosas sucederán si el pueblo obedece a Dios; no les basta con ayunar y orar. El Señor habló por medio de Zacarías:

> Proporcionar verdadera justicia. Mostrar misericordia y compasión unos a otros. No seas malo con las viudas, los desamparados, los extranjeros o los pobres. No planeen mal unos contra otros. Los que vinieron antes de ustedes no los escucharon, fueron esparcidos y extranjeros en otras naciones. Así que díganse la verdad unos a otros y emitan juicios justos en sus tribunales.

Zacarías también hizo predicciones sobre el futuro. Un rey humilde y bueno entraría en Jerusalén montado en un asnillo. Se eliminarán las armas de guerra y la paz vendrá a la Tierra. Muchos tipos de personas y naciones poderosas se hablarán entre sí sobre este rey. "Te agarrarán y te pedirán ir contigo porque saben que Dios está contigo". Pero Zacarías terminó con una advertencia: Jerusalén será nuevamente destruida y mucha gente abandonará la región porque los judíos rechazan al pastor que vino a salvarlos. Pero después de una crisis masiva, Dios regresará y gobernará el mundo entero.

Alentados por estos dos profetas y con la esperanza de un futuro glorioso, el pueblo completó el Templo cinco años después de que se reiniciara la construcción. Fue construido en el mismo sitio que el Templo anterior, pero no era tan bonito. Sin embargo, los judíos comenzaron sus actividades religiosas siguiendo las mismas instrucciones proporcionadas por Moisés. Los israelitas que habían permanecido en Palestina se unieron a ellos en sus ceremonias y festivales religiosos.

Ester y Mardoqueo en Persia

Muchos judíos decidieron permanecer en zonas controladas por los persas. Cuando la reina del rey persa Jerjes desobedeció una orden directa en Susa, el rey decidió que debía ser reemplazada. Se llevaron al rey mujeres jóvenes de todo el imperio para que pudiera elegir una nueva reina. Cada mujer pasó por un año de tratamiento de belleza antes de ver a Jerjes.

Ester estaba entre las que fueron llevadas a ver al rey. Era una judía joven y fiel que también vivía en Susa. Había sido adoptada por su primo mayor, Mardoqueo, porque sus padres murieron. Cuando conoció al rey, lo impresionó tanto que fue elegida para ser la próxima reina. Pero Mardoqueo le dijo que no dijera que era adoptada o judía.

Cuando Mardoqueo escuchó una conversación sobre un complot para matar al rey, se lo informó a Ester, quien se lo contó al rey, diciendo que lo había oído de un hombre llamado Mardoqueo. Cuando el rey supo que el complot era cierto, ejecutó a los conspiradores.

El primer ministro, Amán, ordenó a todos que se inclinaran ante él cuando lo vieran, pero Mardoqueo se negó a hacerlo. Amán descubrió que Mardoqueo era judío, por lo que ideó un plan para deshacerse de todos los judíos del reino (unos dos millones de personas). Le dijo al rey Jerjes: "Hay un grupo de personas esparcidas por todo tu reino que se mantienen separadas de los demás. Sus costumbres son diferentes y no obedecen tus leyes. No es bueno para ti que vivan así. Si quieres, puedes ordenar que los maten a todos".

El rey estuvo de acuerdo y emitió una orden que fue enviada a todas las provincias. Decía que todos los judíos, incluidos mujeres y niños, deberían ser asesinados en un día específico 11 meses después. Los judíos de todo el imperio lloraron y ayunaron cuando escucharon esta orden. Cuando Ester se enteró de la orden, decidió hablar con el rey. Pero a nadie se le permitía ver al rey en su habitación privada del palacio a menos que él los invitara a entrar; los que entraban sin invitación eran asesinados por sus guardias.

Mardoqueo le dijo a Ester que era su deber como líder judía hacer algo: podrían matarla porque era judía. Ester le dijo que hiciera que todos los judíos de Susa oraran por ella durante tres días, y luego ella iría al aposento privado del rey. Ella le dijo a Mardoqueo: "Si muero, muero".

Después de tres días, Ester entró en el aposento privado del rey y se paró a su puerta. La invitó a su habitación y ella se sintió aliviada de que no la arrestaran ni la mataran. Ella le preguntó si podía organizar una cena solo con él y Amán. Él estuvo de acuerdo, y mientras comían y bebían esa noche, el rey le preguntó a Ester qué quería: él haría casi cualquier cosa por ella. Ella dijo que le daría su respuesta al día siguiente, cuando los tres pudieran cenar juntos nuevamente.

Esa noche, Amán regresó a su casa y se jactó ante su esposa de que había tenido una cena privada con el rey y la reina y que iba a hacerlo nuevamente la noche siguiente. Pero dijo que todavía tuvo un mal día porque Mardoqueo no se inclinó ante él. Su esposa dijo que a Mardoqueo debían matarlo y colgarlo de un poste alto a la mañana siguiente antes de cenar. A Amán le gustó la idea y ordenó que colocaran el poste.

El rey no pudo dormir esa noche. Por la mañana, descubrió que Mardoqueo, el hombre que denunció el complot de asesinato, era judío, pero no se había hecho nada para honrarlo. Cuando Amán vino a hablar con el rey acerca de matar a Mardoqueo, el rey primero le preguntó qué se debía hacer con alguien que honra al rey. Amán pensó que el rey iba a honrarlo, por lo que dijo que la persona debería vestirse con ropas reales y aparecer en un gran desfile.

Entonces el rey le dijo a Amán que fuera e hiciera lo que le había sugerido a Mardoqueo. El humillado Amán lo hizo y luego regresó para cenar con el rey y la reina.

Mientras comían, Ester dijo que su pedido era que el rey perdonara a los judíos, su pueblo. El rey había olvidado a quién se le ocurrió la idea, por lo que preguntó quién era el responsable de la orden. ¡Dijo que era Amán, el hombre sentado con ellos!

El rey se fue enojado, pero Amán se quedó atrás y le rogó a Ester por su vida. Cuando el rey regresó, vio a Amán arrodillado a los pies de Ester y pensó que intentaba agredirla. El rey ordenó a sus guardias que se llevaran a Amán. Los guardias dijeron que había un poste alto afuera de la casa de Amán que iba a ser usado para colgar a Mardoqueo. El rey ordenó que mataran a Amán y lo colgaran en un poste, y el rey le dio la propiedad de Amán a Ester. Cuando el rey descubrió que Ester y Mardoqueo eran parientes, nombró a Mardoqueo su nuevo primer ministro.

Pero la orden de matar a todos los judíos todavía estaba vigente. Ester le rogó al rey que emitiera otra orden que eliminara la orden de matar a todos los judíos. El rey hizo que Mardoqueo escribiera la nueva orden, y ésta fue traducida a todos los idiomas hablados en el imperio. La orden concedía a los judíos de todas las ciudades el derecho a protegerse y matar a cualquiera que atacara a un judío.

Los judíos de todas las provincias se llenaron de alegría. Su valiente reina y su nuevo primer ministro los habían salvado. Celebraban con banquetes, y la ocasión llegó a ser conocida como los días de Purim y todavía lo celebran los judíos.

Esdras y Nehemías regresan a Jerusalén

Un judío altamente educado llamado Esdras que vivía en Babilonia era levita y entendía todos los escritos religiosos que se habían transmitido a través de los siglos. También mantuvo un registro de todo lo que sucedió entre los judíos a lo largo de los siglos. Quería regresar a Jerusalén y obtuvo permiso del rey Artajerjes para partir. Al rey le gustó la idea de que más judíos regresaran a Palestina y le dio a Esdras permiso para establecer un gobierno en Palestina y todo el dinero que necesitaba para restablecer los sistemas y edificios religiosos, incluido lo que necesitaba para el Templo. El rey también dijo que todos los que trabajaban en el Templo no tenían que pagar ningún impuesto.

Ezra les contó a los judíos sobre el viaje planeado de regreso a Palestina, pero no muchos de ellos querían viajar casi 1.000 millas a una tierra que no conocían. Muchos se preocuparon por su seguridad durante el viaje y muy pocos judíos decidieron regresar a Palestina. Los que regresaron viajaron sanos y salvos a Jerusalén.

Ezra pronto determinó que los israelitas de la región, incluidos los sacerdotes, se habían casado con personas de otras culturas y religiones. Estaba disgustado y enojado porque habían adoptado prácticas no judías. Les habló a todos los judíos sobre el peligro de casarse con no judíos. El pueblo acordó cambiar sus costumbres, y cuando Esdras descubrió que todos los sacerdotes y levitas se habían casado entre sí, todos acordaron cancelar sus promesas matrimoniales.

Nehemías y Malaquías

Muchos años después de que Esdras regresara a Jerusalén, la ciudad todavía estaba en reconstrucción. El Templo había sido terminado pero las murallas y las puertas de la ciudad aún no estaban en su lugar. La ciudad no era un lugar seguro para vivir. Nehemías, un judío muy leal que trabajaba para el rey persa en Susa, descubrió que la vida entre los pocos exiliados que regresaron a Palestina no era buena. Lloró y oró durante meses para determinar lo que Dios quería que hiciera.

Finalmente le dijo al rey Artajerjes por qué estaba triste y obtuvo permiso para regresar y reconstruir Jerusalén. Consiguió los suministros que necesitaba y cartas del rey para asegurarse de que su caravana fuera bien tratada y para obtener madera gratis.

Cuando Nehemías llegó, vio que la ciudad no era segura y necesitaba reconstruir sus muros y puertas. Todos acordaron empezar a trabajar inmediatamente en las reparaciones. Estableció un sistema para proteger las puertas y los huecos en las murallas mientras grupos de hombres de las diferentes tribus de Israel hacían las reparaciones.

Los que vivían en la zona se sintieron amenazados por una ciudad más fuerte controlada por los judíos y conspiraron para atacar la ciudad. Nehemías aumentó la seguridad alrededor de la ciudad y todos contribuyeron con lo que pudieron. Sus enemigos siguieron intentando nuevas formas de engañarlo para que hiciera algo malo, pero Nehemías manejó sabiamente cada situación y evitó meterse en problemas con el rey.

El muro y las puertas se terminaron en 52 días. Toda la gente de la región quedó impresionada con la fuerza de los judíos y su Dios, y esto restauró el respeto y el prestigio a la nación judía entre los que vivían en la región. Los judíos del campo llenaron las áreas abiertas de la ciudad y la gente se sintió segura en la ciudad reconstruida.

Nehemías también trabajó con Esdras para fortalecer las actividades religiosas de los judíos. El pueblo comenzó a confesar sus pecados, a hacer sacrificios y ofrendas, a apoyar el trabajo de los levitas y a celebrar sus fiestas tal como lo hacían los israelitas en los días de Moisés. El pueblo también se comprometió a no permitir que sus hijos se casaran con nadie que no fuera judío.

Nehemías regresó a Susa y, cuando regresó a Jerusalén años después, descubrió que los judíos habían dejado de practicar su religión correctamente. Trabajaban y vendían mercancías en sábado. Los levitas se habían marchado para buscar trabajo en otro lugar porque no se les daban diezmos para sustentarlos a ellos y a otros trabajadores del templo. Los extranjeros tenían oficinas en el patio del Templo. Todo esto enfureció mucho a Nehemías: arrojó los muebles de los extranjeros, cerró las puertas de Jerusalén en sábado y recordó al pueblo que aquellos que ignoraban los mandamientos de Dios eran castigados con la captura.

El profeta **Malaquías** reforzó sus advertencias porque los judíos no confiaban en Dios. Estos fueron sus pecados: ofrecer animales imperfectos en los sacrificios, casarse con no judíos, ser infiel en el matrimonio, descuidar el diezmo, no cuidar de las viudas y los huérfanos, maltratar a los pobres y a los extranjeros. Malaquías también escribió sobre lo que vendría en el futuro. Las bendiciones y el juicio llegarían, a veces a través de un proceso doloroso. Por medio de él, Dios dijo a los judíos:

> No cambiaré mi forma de tratarte: te bendeciré si me honras y obedeces mis mandamientos; Te castigaré si eres arrogante y desobedeces. Seré compasivo si regresas a mí. Enviaré a mi mensajero para que prepare el camino delante de mí. De repente, el que buscas llegará al Templo. Será como fuego refinador o como jabón y purificará a los levitas. Entonces el Señor tendrá gente que traerá ofrendas en justicia, y sus ofrendas serán aceptables al Señor como antes.

La historia continúa en el Capítulo 8.

7
LIBROS INUSUALES EN EL ANTIGUO TESTAMENTO

Varios libros de la Biblia no analizan acontecimientos históricos. Los libros de **Proverbios** y **Eclesiastés** tratan sobre la sabiduría. **Job** es una historia sobre por qué una persona que tiene fe en Dios y lleva una buena vida todavía experimenta dolor y sufrimiento. **Jonás** es una historia corta de un hombre llamado por Dios para decirle la verdad a un enemigo peligroso. Cuando no lo hace, sufre consecuencias inusuales. El **Cantar de los Cantares** es un diálogo entre una joven y su amante. **Salmos** es una colección de poemas que reflejan fuertes emociones y pensamientos sobre eventos que tuvieron lugar entre los israelitas.

Proverbios

La mayor parte de Proverbios fue escrita por el rey Salomón. Un proverbio es una declaración de una verdad general y, a menudo, trata sobre la forma correcta e incorrecta de hacer las cosas. En general, los refranes dicen que quienes siguen estas verdades evitarán el mal y serán recompensados; aquellos que no sigan sus consejos sufrirán consecuencias negativas.

Las declaraciones positivas y negativas a menudo se combinan para proporcionar un contraste entre el bien y el mal. A veces, estos tienen solo una oración. Por ejemplo, el último versículo del capítulo 3 dice: "Los sabios heredan la honra, pero los necios heredan la deshonra". En otros casos, hay grupos de refranes que discuten la misma idea.

Muchos de los dichos y cuentos tratan sobre el dinero, la justicia y la moralidad sexual (muchos versos hablan de evitar las tentaciones de los pecados relacionados con el sexo y de ganar dinero de manera incorrecta). El libro tiene muchos recordatorios para sus lectores de que deben buscar constantemente la sabiduría y evitar hacer cosas malas.

Eclesiastés

Este libro contiene las reflexiones de un rey sabio, probablemente el rey Salomón más adelante en su reinado. A diferencia de Proverbios, la sabiduría se ve de manera más realista: no hay optimismo ciego por hacer lo correcto ni pesimismo escéptico por hacer lo malo. En cambio, la vida se ve con sus complejidades y frustraciones. Como la vida misma, la estructura y el contenido de los 12 capítulos del libro son inconexos, divagantes en diferentes direcciones y, a menudo, repetitivos.

El libro comienza con un Maestro que exclama: "¡Todo no tiene sentido!" Los interminables ciclos de la vida y la naturaleza nunca parecen cambiar nada en la tierra. Adquirir sabiduría y conocimiento trae tristeza y dolor. Ambos tienen sus limitaciones, y crear cambios para mejorar la vida es como "correr tras el viento: no se gana nada bajo el sol".

El Maestro intentó encontrar la felicidad de diferentes maneras. Primero persiguió los placeres terrenales: beber, tener relaciones sexuales, trabajar duro, adquirir bienes materiales y riquezas y obtener poder. Pero cuando reflexionó sobre sus acciones, ninguna de ellas lo hizo feliz. Luego, pensó en la búsqueda de la sabiduría y las consecuencias del pecado, pero se dio cuenta de que tanto los sabios como los necios mueren la misma muerte. Las posesiones adquiridas durante la vida se transmiten cuando una persona muere a otros que pueden ser sabios o tontos, por lo que los frutos del trabajo de una vida pueden desperdiciarse. ¿Por qué perseguir lo que no puedes conservar?

El Maestro concluyó que lo mejor que las personas pueden hacer para encontrar la verdadera felicidad es honrar a Dios, disfrutar de su comida y bebida, hacer el bien y encontrar un trabajo significativo. También concluyó que, en lugar de seguir reglas fijas en cada situación, el comportamiento correcto depende de las circunstancias de cada contexto: hay un momento adecuado para cada experiencia humana. El Maestro dice que el bien puede surgir de experiencias negativas, pero aun así prefiere los atributos de la sabiduría, aunque la vida pueda ser injusta. Concluye animando a las personas a disfrutar la vida al máximo, trabajar duro y aceptar los acontecimientos inesperados como oportunidades dadas por Dios para aprender y crecer.

Trabajo

Esta larga historia incluye muchas conversaciones sobre la fe, la obediencia, las recompensas, los castigos, el bien y el mal, y por qué les suceden cosas malas a las personas fieles. La naturaleza amorosa y justa de Dios se cuestiona a través de un diálogo entre los personajes principales: Dios y Satanás, Job y sus amigos, Dios y Job. El libro es una historia, no parte de la historia (no hay un autor, una fecha o un lugar claros), pero sus lecciones son ciertas.

El libro comienza describiendo a Job como un hombre rico que vivía con su gran familia y 11.000 animales. Él es "el hombre más grande de Oriente y es irreprochable, recto, fiel a Dios y siempre cuidadoso de evitar hacer el mal". Hace sacrificios a Dios en caso de que miembros de su familia hayan pecado.

Satanás le dice a Dios que Job es bueno y fiel sólo porque Dios lo bendijo en todos los sentidos. Satanás desafía a Dios a quitarle todas las bendiciones a Job para ver si Job todavía amará a Dios, diciendo que Job maldecirá a Dios cuando le quiten las bendiciones. Dios accede a permitir que Satanás atormente a Job, pero le prohíbe matarlo.

Job y su familia pronto empiezan a sufrir desastres. Un enemigo roba sus animales y mata a sus sirvientes. El fuego mata a sus ovejas y a quienes cuidan los rebaños. Otro enemigo roba todos sus camellos y mata a todos los sirvientes excepto al mensajero. Finalmente, un fuerte viento hace que la casa donde comían sus hijos se derrumbe, matando a todos.

Después de escuchar todas estas malas noticias, Job se rasga la ropa y adora a Dios diciendo: "Desnudo salí del vientre de mi madre y dejaré al mundo sin nada. El Señor da y el Señor quita. Bendito sea el nombre del Señor". Job no pecó ni culpó a Dios por estos eventos.

Dios le recuerda a Satanás que Job se mantuvo fiel incluso cuando lo perdió todo. Satanás hace una nueva acusación, diciendo que Job maldecirá a Dios si su propio cuerpo sufre. Dios accede a permitir que Satanás le traiga dolor y enfermedad a Job, y su cuerpo desarrolla llagas dolorosas desde la cabeza hasta los pies. La esposa de Job le pregunta: "¿Por qué sigues viviendo de la manera correcta? ¡Maldice a Dios y muere! Job responde: "¿Deberíamos simplemente aceptar el bien de Dios y no los problemas?" y no peca ni maldice a Dios.

Cuando los amigos de Job se enteran de lo sucedido, lo visitan para consolarlo. Apenas lo reconocen y lloran en silencio con él durante una semana. Luego le dicen a Job que sus aflicciones se deben a los pecados que Job cometió y lo instan a arrepentirse y obedecer para ganarse el favor de Dios nuevamente. Los amigos dicen que Dios no castiga a la gente buena por nada.

Job no está de acuerdo y dice que no ha hecho nada malo. Los amigos se burlan de la actitud de Job y de sus afirmaciones de inocencia, pero Job insiste en que no ha hecho nada para merecer ninguna de las aflicciones. Se irrita con sus falsas acusaciones de su pecaminosidad y su moralista confianza en sus respuestas simples para abordar su situación. ¡Les dice que se callen! Es un hombre destrozado y sufre al escuchar a sus falsos acusadores.

Pero Job está confundido acerca de cómo su vida cambió tan rápidamente sin cometer ningún pecado. Se pregunta cómo la gente puede agradar a un Dios que puede ser justo y perdonar a aquellos que merecen castigo. Los caminos de Dios están más allá del entendimiento humano. Job está triste por su vida, pero cree que Dios eventualmente dirá que es inocente. Su experiencia demuestra que el sufrimiento no está automáticamente vinculado a la pecaminosidad y la maldad. Y aunque muera, dice que volverá a vivir. "Sé que mi redentor vive y que al final Dios seguirá en pie. Después de que mi cuerpo sea destruido, todavía veré a Dios". Job no sabe por qué suceden ciertas cosas; a veces los malvados prosperan y la vida puede ser injusta. Pero su fe le da la esperanza de que el amor y el juicio de Dios resultarán en un veredicto de "inocencia" para él en la próxima vida.

Dios ha estado escuchando todas sus conversaciones y luego le habla a Job. Dios le hace muchas preguntas que exponen su ignorancia sobre cómo funciona el mundo y el poder de Dios. Job está abrumado y no puede responder las preguntas de Dios.

Luego, Dios se vuelve enojado con los amigos de Job por decir incorrectamente que el sufrimiento solo ocurre debido al pecado y que la justicia solo ocurre durante la vida. Las respuestas fáciles pueden aliviar la conciencia del mensajero, pero no se aplican a situaciones complejas.

La historia termina muy rápido sin dar detalles importantes. Dios honra la humildad y fidelidad de Job y lo bendice nuevamente con más de lo que originalmente tenía. Pero la historia no incluye nada sobre el trato entre Dios y Satanás. Al final, el bien prevalece contra el mal porque Job no flaquea. Derrotado nuevamente, Satanás no se presenta a Dios con otra apuesta. Además, la historia nunca explica por qué los seguidores fieles sufren o por qué los malvados prosperan, por lo que los lectores deben pensar en las respuestas por sí mismos. La vida es impredecible cuando coexisten las fuerzas del bien y del mal.

Jonás

En esta breve historia, Dios llama al profeta Jonás para hablar la verdad y el juicio al pueblo de Nínive, la capital del imperio asirio. La historia tiene pocos detalles, pero tiene muchas lecciones universales que se relacionan con la desobediencia humana y ellas consecuencias de no seguir el llamado de Dios, cómo la naturaleza puede usarse para mostrar el poder de Dios, el odio hacia los extranjeros, el perdón de Dios para todas las personas y cómo nos sentimos decepcionados cuando Dios muestra amor a aquellos que creemos que no lo merecen.

A Jonás se le dijo que predicara el juicio a Nínive, pero en lugar de arriesgarse a morir, toma un barco a España (2.000 millas en la otra dirección). Una fuerte tormenta amenaza con hundir el barco y la tripulación invoca a sus dioses para salvar el barco. La tormenta es tan inusual que la tripulación sabe que alguien en el barco está maldito. Descubren que es Jonás y él explica que es un israelita que está desobedeciendo a Dios. Dice que la tormenta parará si lo tiran por la borda. Cuando la tripulación hace esto, la tormenta cesa inmediatamente, lo que hace que todos a bordo adoren al Dios israelita.

Jonás queda atrapado entre las algas y es tragado por una ballena grande. Durante un período de 3 días, lucha por mantenerse con vida dentro de la ballena. Después de prometerle a Dios que irá a Nínive si sobrevive, la ballena enferma y vomita a Jonás en tierra.

Finalmente, Jonás va a Nínive y le dice al pueblo que la ciudad será destruida a causa de sus malos caminos. El pueblo cree en su mensaje y se arrepiente. El rey ordena a todos en la ciudad que oren y detengan su maldad.

Al ver cómo responde el pueblo de Nínive, Dios muestra compasión y no destruye la ciudad. Esto enoja mucho a Jonás: quiere que el enemigo sufra. Le dice a Dios: "Sé que eres misericordioso y compasivo, lento para la ira y generoso en tu amor, un Dios a quien no le gusta enviar calamidades".

Jonás sube a una colina cerca de la ciudad para observar lo que sucederá. Un gusano se come la planta que usaba para dar sombra y se quema mucho con el sol. Sintiendo lástima de sí mismo, dice: "Estoy tan enojado que prefiero estar muerto que vivo". Dios le dice a Jonás: "¿Te preocupa no tener sombra? ¿No debería preocuparme una ciudad con más de 120.000 niños inocentes e ignorantes? A Jonás le falta amor y perdón, aunque el Dios que sigue es amoroso y perdona con facilidad.

Canción de Salomón

El desconocido autor de este cuento utiliza un diálogo escrito en poesía para describir una perfecta historia de amor entre una joven y su novio. El romance no tiene ningún conflicto y el autor utiliza imágenes vívidas de plantas y animales para describir la atracción mutua de la pareja. La historia afirma que el amor físico es una bendición dentro del matrimonio.

La historia describe a la pareja: la joven doncella está bronceada por trabajar en un viñedo y el hombre es muy respetado. Se enamora de ella a primera vista y piensa en el día de su boda con ella. Anhelan estar juntos y pensar en las características del hermoso cuerpo y los movimientos del otro. Aunque hay muchas mujeres elegibles a su alrededor, ella es única por tener belleza tanto externa como interna: esta humilde y sincera trabajadora es la única para él. Ella sueña con él y se pone triste cuando se despierta y descubre que él no está. Cuando se casan y se van juntos de la ciudad, se muestran su amor mutuo.

salmos

En algunos libros de la Biblia se utilizó poesía, y algunos libros se escribieron totalmente en forma de poesía. El libro de los Salmos cuenta con 150 poemas escritos por David y otros autores que reflejan fuertes emociones y pensamientos relacionados con lo ocurrido entre los israelitas. La mayoría se relaciona de alguna manera con los conceptos del bien y del mal. Aproximadamente la mitad de los salmos tratan de oraciones en tiempos de dificultad, y algunos simplemente alaban a Dios. En lugar de utilizar palabras que rimen, los salmos a menudo contienen ideas repetidas. Los autores solían utilizar pronombres y sustantivos masculinos (él, su, él, hombre) para describir a Dios y a todas las personas. El primer salmo aparece a continuación.

Salmo 1 *(Los justos y los impíos contrastados)*

Bienaventurado el hombre que no sigue el consejo de
los malvados,

¡Ni esté en el camino con los pecadores, ni se siente en
sillas con los escarnecedores!

Pero su deleite está en la ley del Señor,

Y medita en sus leyes día y noche.

Será como un árbol firmemente plantado junto a
corrientes de agua,

Que da su fruto en su tiempo

Y cuya hoja no se marchita.

Todo lo que hace prospera.

¡No es así con los malvados! Son como paja que se lleva
el viento.

Por tanto, los impíos no resistirán en el juicio,

Ni los pecadores se juntarán con los justos.

Porque el Señor conoce el camino de los justos,

Pero el camino de los impíos perecerá.

PARTE 2

EL
NUEVO
TESTAMENTO

8
LLEGA EL MESÍAS

Fondo

Las profecías de Malaquías fueron escritas en el año 420 a.C. y son el último registro de los profetas del Antiguo Testamento. Muchos judíos vivían fuera de Palestina, principalmente en Babilonia y Egipto, y sus comunidades eran bastante grandes. Para mantener su fe, estas comunidades establecieron lugares de culto (sinagogas) dirigidos por un erudito religioso (rabino) que leyó y explicó las Escrituras a los israelitas.

Durante los 400 años posteriores a las profecías de Malaquías, ocurrieron muchos acontecimientos importantes que influyeron en los judíos.

- Los griegos, liderados por Alejandro Magno, conquistaron Palestina y muchas partes del mundo. Los griegos trajeron nuevas ideas religiosas y políticas sobre el mundo, y el idioma griego se volvió hablado y escrito ampliamente (los judíos también usaban el hebreo y el arameo). Las comunidades judías disfrutaron de paz durante el reinado de Alejandro.
- Después de la muerte de Alejandro, el judaísmo fue prohibido. Unos pocos judíos se rebelaron porque se les exigía que hicieran sacrificios a otros dioses. Una revuelta se extendió por toda Palestina y los griegos finalmente fueron expulsados en el año 142 a.C. (Hanukkah celebra esta victoria).
- Los Romanos conquistaron Palestina en el 63 a. C. y controlaron Jerusalén. No toleraron la rebelión y

ejecutaron a muchos líderes judíos. En el año 37 a. C., Herodes el Grande se convirtió en rey y comenzó a construir muchos edificios, incluido un templo más grande en Jerusalén. Cuando murió en el año 4 a. C., Roma puso a otros líderes en su lugar.

El pueblo de Palestina

Durante este período de 400 años, las formas de pensar griegas se volvieron atractivas para muchos judíos, y surgieron diferencias entre los judíos sobre cómo debían vivir en un mundo preservando al mismo tiempo su fe.

- Los *fariseos* eran un grupo pequeño pero influyente que se centraba en la estricta obediencia a los mandamientos de Dios. Querían estar separados del mundo, no se relacionaban con los no creyentes y se mantenían alejados de las influencias extranjeras. Hicieron hincapié en ser muy religiosos y mantuvieron opiniones rígidas sobre el bien y el mal. Siguieron más reglas para asegurarse de no estar cerca de romper ninguno de los mandamientos de Dios. Estaban muy orgullosos y mostraban su religión a los demás de maneras muy obvias.

- Los *saduceos* eran otro grupo pequeño pero influyente, pero se centraban en la moralidad y no creían en poderes sobrenaturales. Aceptaron ideas extranjeras, especialmente las de los griegos. Eran ricos y bien educados y no seguían las reglas adicionales que seguían los fariseos.

- Los *esenios* se retiraron del mundo. Este pequeño grupo se retiró a zonas remotas, principalmente al desierto.

- *Los fanáticos* querían usar la fuerza física para asegurarse de que ninguna potencia extranjera controlara sus vidas. Estaban dispuestos a morir por su causa.

En Palestina vivían otros tipos de personas. Algunos fueron etiquetados según el lugar donde vivían, como los impuros samaritanos y galileos que eran odiados porque a menudo se habían casado con no judíos o no eran judíos en absoluto. (Galilea era la parte norte de Palestina, Samaria era la parte central y Judea era la parte sur que antes se conocía como Judá). Los galileos también eran conocidos por ser rebeldes contra la autoridad extranjera. Algunos grupos se distinguían según su profesión, como los escribas, que escribían documentos importantes (a menudo de naturaleza religiosa), y los miembros del Sanedrín, un grupo diverso de líderes que vigilaban la vida religiosa de los judíos y podían castigarlos. Algunos eran conocidos por su lealtad: los herodianos seguían las tradiciones y creencias romanas, y los helenistas seguían las tradiciones y creencias griegas.

Debido a la inmigración de no judíos a Palestina y a la emigración de judíos fuera de Palestina, la mayoría de las personas que vivían en Palestina hace 2.000 años no eran judíos, y más del 80% de los judíos vivían en otros lugares. Palestina no tenía un buen sistema de carreteras y no era fácil viajar por la zona. La gente solía caminar o utilizar un burro o una mula. Existían algunas posadas básicas a lo largo de las carreteras, por lo que muchos viajeros se quedaban con sus amigos y familiares cuando viajaban.

Muchos profetas habían escrito sobre un Rey Siervo que vendría y devolvería la gloria a la nación. Los judíos se preguntaban cuándo enviaría Dios a este líder y por qué tardaba tanto. Los acontecimientos en la región hicieron pensar a los judíos que alguien los libraría de la opresión. La brutalidad romana les recordó cuando sus antepasados fueron maltratados en Egipto y conquistados por otras naciones. Habían pasado 400 años desde la última vez que escucharon de un profeta acerca de alguien que aparecería repentinamente. Observaban de cerca la llegada del Mesías (Cristo en griego), el Ungido que vendría y los salvaría mientras Roma aplastaba a los líderes rebeldes judíos y los ejecutaba lentamente clavándolos vivos en cruces por toda la región.

Este capítulo y los capítulos 9 a 11 describen los acontecimientos importantes que tuvieron lugar en la vida de Jesús y sus principales enseñanzas tal como fueron registradas por cuatro hombres. Dos autores fueron testigos presenciales que siguieron de cerca a Jesús y estuvieron entre los primeros discípulos (Juan era pescador y Mateo era recaudador de impuestos). Los otros dos autores fueron Marcos, un amigo cercano de Pedro, y Lucas, un médico gentil que viajó con Pablo e investigó las historias contadas sobre Jesús. El relato de Marcos fue el primero que se escribió, y el relato de Juan fue el último en escribirse e incluye historias y detalles que los demás no incluyeron. Los autores tenían una audiencia diferente y su propio estilo y perspectivas, por lo que los relatos son algo diferentes. En conjunto, se les conoce como los "evangelios" (buenas noticias sobre Jesús).

Nacen dos bebés

En el año 5 a.C., cuando Herodes era el rey Romano a cargo de Judá, un sacerdote llamado Zacarías y su esposa Isabel habían envejecido sin tener hijos. Un ángel le dijo a Zacarías que su esposa tendría un hijo y que su nombre debería ser Juan. No debía beber vino y el Espíritu Santo lo llenaría. Traería a muchos judíos desobedientes a Dios y prepararía al pueblo para el Señor.

Cuando Isabel estaba embarazada de seis meses, el mismo ángel se apareció a una joven adolescente llamada María que vivía en Nazaret, un pueblo de Galilea. Estaba comprometida con José, un descendiente del rey David. El ángel saludó a María, quien quedó confundida y asustada cuando escuchó de un completo extraño que apareció de repente. El ángel dijo: "No temas. Darás a luz un hijo y lo llamarás Jesús. Será grande: Dios le dará el trono del rey David, su antepasado. Él reinará sobre la descendencia de Jacob para siempre".

María se preguntó cómo pudo suceder eso: ella todavía era virgen y aún no estaba casada. El ángel dijo que el espíritu de Dios era el padre y que su pariente Isabel estaba embarazada. María se asombró de que Isabel pudiera estar embarazada y fue a verla. Cuando llegó María, Dios le reveló a Isabel lo que le había sucedido a María. Cuando Isabel tuvo a su bebé tres meses después, Zacarías les dijo a todos que Juan sería un profeta que hablaría sobre la venida del Mesías.

Jesús nace

Cuando María regresó a casa, su prometido José descubrió que estaba embarazada. Era un buen hombre y pensó en divorciarse de ella discretamente (estaban legalmente obligados a casarse). Pero un ángel le dijo en sueños que el Espíritu de Dios era el padre. El hijo de María se llamaría Jesús, porque salvaría a la gente de sus pecados. Esto lo había predicho el profeta Isaías: "La virgen concebirá y dará a luz un hijo, y se llamará Emanuel" (que significa "Dios con nosotros"). Entonces José regresó a Nazaret y se casó con María.

Justo antes de que María diera a luz, el emperador Romano César Augusto ordenó que todos fueran a su ciudad natal donde serían contados para un censo. María y José viajaron hacia el sur desde Nazaret hasta Belén, un pueblo cercano a Jerusalén. El pueblo estaba lleno de gente que regresaba para ser contada y no había lugar para que María y José se quedaran. Encontraron espacio en un granero, que es donde María dio a luz a Jesús. María usó un pesebre (un comedero para animales) como cuna.

Esa noche, un ángel se apareció a los pastores que estaban cerca cuidando sus rebaños. Ellos se asustaron mucho, pero el ángel les dijo: "No tengan miedo. ¡Tengo buenas noticias que harán felices a todos! Hoy nació en Belén un Salvador: él es el Mesías, el Señor. Vayan a verlo, él es el que está envuelto y acostado en un pesebre". Entonces aparecieron muchos otros ángeles y gritaron: "¡Gloria a Dios en las alturas del cielo y en la tierra! Él traerá la paz".

Los pastores llegaron corriendo a la ciudad y encontraron a la familia y al bebé. Después de verlo, contaron a otros lo que había sucedido y todos quedaron asombrados por su historia.

Sacerdotes extranjeros visitan a Jesús

Antes de que naciera Jesús, los sacerdotes de Persia (Magos) que estudiaban las estrellas vieron una luz brillante en el cielo que los convenció de que había nacido un nuevo rey en Judá. Viajaron cientos de millas y fueron a Jerusalén para preguntarle al rey Herodes dónde había nacido el rey de los judíos. La idea de otro rey preocupaba a Herodes y a otros líderes de Jerusalén. Herodes se enteró de que el Mesías judío nacería en Belén y les dijo a los magos que buscaran al niño y regresaran para decirle dónde estaba. (Herodes dijo que él mismo quería adorar al niño).

La estrella brillante se cernía sobre Belén a unos pocos kilómetros de distancia, y los Magos encontraron a Jesús con sus padres. Adoraron a Jesús y le dieron regalos de oro, incienso y mirra. Antes de partir, se les advirtió en un sueño que usaran una ruta diferente para regresar a casa y no le dijeran a Herodes dónde se hospedaba Jesús.

Después de que los Magos se fueron, José tuvo un sueño en el que debía llevar a María y a Jesús a Egipto porque Herodes estaba buscando a Jesús para matarlo. José se despertó e inmediatamente partió en medio de la noche hacia Egipto. Cuando Herodes se dio cuenta de que los magos se habían ido sin decirle dónde estaba Jesús, se enfureció y dio orden de matar a todos los niños de Belén y sus alrededores que tuvieran dos años o menos. (Jeremías predijo que esto sucedería).

La familia permaneció en Egipto hasta la muerte de Herodes. Esto cumplió lo que dijo el profeta Oseas: "Llamé a mi hijo de Egipto". José y María regresaron a su casa en Nazaret. Sus antepasados se remontaron a muchas generaciones e incluyeron a Abraham, Isaac, Jacob, Judá, Booz, Jesé, David, Salomón, Roboán, Ezequías, Amós y Josías. Entre sus antepasados había dos mujeres extranjeras, Rahab y Rut.

La familia visita Jerusalén

Todos los años la familia iba a Jerusalén para la fiesta de la Pascua. Cuando Jesús tenía 12 años, María y José accidentalmente lo dejaron atrás cuando regresaron a Nazaret después de la fiesta. Después de viajar con sus amigos y familiares, se dieron cuenta de que Jesús había desaparecido y regresaron a Jerusalén para buscarlo. Finalmente lo encontraron en el Templo mientras estaba sentado entre los maestros, escuchándolos y haciendo preguntas. Todos los que lo escucharon quedaron asombrados de su comprensión, perspicacia y respuestas, a pesar de que todavía era un niño. María lo regañó por preocupar a sus padres, pero Jesús dijo: "¿Por qué pasaste tanto tiempo buscándome? ¿No sabías que tenía que estar en la casa de mi Padre?" Luego todos regresaron a Nazaret. Jesús fue un niño obediente y creció en sabiduría y agradó a Dios y a todos los que lo conocían. Cuando creció, se hizo carpintero.

Juan emerge del desierto

Juan vivió en el desierto cuando era adulto y salió del desierto cuando tenía 30 años. Vestía ropas extrañas y comía alimentos extraños. Viajó cerca del río Jordán y le dijo a la gente que cambiaran sus costumbres y pidieran perdón por sus pecados. Le dijo a la gente: "Arrepiéntanse, porque el reino de los cielos viene ". Su llegada fue predicha por el profeta Isaías, quien escribió: "Una voz clama en el desierto: 'Preparen el camino al Señor, enderecen sus sendas y allanen los lugares ásperos. Todos verán la obra salvadora de Dios'".[2]

Miles de personas escucharon a Juan y confesaron sus pecados. Juan bautizaba a la gente en el río y era conocido como Juan el Bautista. Cuando vio que los fariseos y los saduceos venían a ver lo que estaba pasando, les habló duramente.

---

[2] Cada vez que un rey viajaba en esa época, enviaba trabajadores por delante para garantizar que la ruta fuera directa y fluida, haciendo así que el viaje del rey fuera más rápido y cómodo.

¡Ustedes, serpientes venenosas! Produzcan frutos que demuestren que se han arrepentido. No crean que pueden decirse a sí mismos: "A Abraham tenemos por padre". Dios puede levantar hijos de Abraham de estas piedras. Todo árbol que no dé buenos frutos será talado y quemado.

Llegaron escribas y levitas de Jerusalén y le preguntaron si era el Mesías. Juan dijo que no, pero citó a Isaías y dijo que él era "la voz que clama en el desierto: 'Enderecen el camino al Señor'". Estaba diciendo que el Mesías vendría pronto.

Cuando la gente le preguntó qué debían hacer a continuación, Juan dijo: "Cualquiera que tenga dos camisas, que comparta una con el que no tiene ninguna. Cualquiera que tenga comida, que la comparta de la misma manera". Cuando los despreciados recaudadores de impuestos que trabajaban para los Romanos vinieron a ser bautizados y les preguntaron qué debían hacer, Juan les dijo que no recaudaran más de lo que se les exigía. Cuando los soldados le preguntaron qué debían hacer, dijo: "No obligues a la gente a pagarte ni acuses falsamente a la gente; conténtate con lo que te pagan".

La gente se preguntaba si Juan era el Mesías, pero él dijo: "Yo los bautizo con agua, pero pronto vendrá otro que será más poderoso que yo. Él los bautizará con el Espíritu Santo. Recogerá el trigo en su granero, pero quemará toda la paja".

Jesús fue al río Jordán para ser bautizado por Juan. Eran parientes que nacieron aproximadamente al mismo tiempo y eran amigos. Cuando Juan vio venir a Jesús, dijo: "¡Mira, es el Cordero de Dios que quita los pecados del mundo!" No pensó que era correcto que bautizara a Jesús, pero Jesús dijo: "Esto debe suceder para que yo cumpla todas las señales de justicia".

Entonces Juan bautizó a Jesús, y cuando Jesús salió del agua, el cielo se abrió y el Espíritu de Dios descendió en forma de paloma y se posó sobre él. Una voz del cielo dijo: "Este es mi Hijo a quien amo. Él me agrada". Los que estaban allí también oyeron la voz.

Jesús es probado y comienza a predicar

Mucha gente ayunó y oró después de ser bautizada, y Jesús no fue diferente. Estaba lleno del Espíritu Santo y se fue al desierto. Después de no comer nada durante 40 días, tenía mucha hambre, estaba débil y vulnerable. Satanás vino como un espíritu maligno y lo tentó diciéndole: "Si realmente eres el Hijo de Dios, di a esta piedra que se convierta en pan". Jesús dijo: "Escrito está: 'No sólo de pan viviremos, sino de las palabras de Dios'".

Satanás llevó a Jesús a la cima del templo y le dijo: "Si eres Hijo de Dios, tírate abajo. Porque escrito está: 'Dios ordenará a tus ángeles que te guarden cuidadosamente. Ellos te exaltarán'". Pero Jesús dijo: "También está escrito: 'No pongas a prueba al Señor tu Dios'".

Entonces Satanás llevó a Jesús a un lugar alto y le mostró todos los reinos del mundo, diciendo: "Te daré poder para controlar todo esto. Es todo mío y se lo puedo dar a cualquiera. Si me adoras, todo será tuyo". Jesús dijo: "Te ordeno que te vayas, porque escrito está: 'Adora y sirve sólo al Señor tu Dios'". Después de que estas tres tentaciones fracasaron, Satanás se retiró y esperó otra oportunidad para tentar o atrapar a Jesús, quien continuó orando y ayunando en el desierto.

Juan fue arrestado cuando criticó al hijo de Herodes por todas las cosas malas que había hecho. Cuando Jesús se enteró de lo que le había sucedido a Juan, comenzó a predicar el mensaje de Juan: "Arrepiéntanse, porque el reino de los cielos está por venir". La predicación en esa zona fue otra predicción que hizo Isaías sobre la venida del Mesías.

Luego Jesús fue a Nazaret, donde se había criado desde niño y trabajó de adulto. Un día de reposo fue a la sinagoga como solía hacer. Todos lo conocían, y se puso de pie frente a la congregación y leyó lo que Isaías escribió: "El Espíritu del Señor está sobre mí, porque Dios me ha ungido para proclamar buenas nuevas a los pobres. Dios me ha enviado a proclamar la libertad a los presos y la vista a los ciegos, a liberar a los oprimidos y a proclamar el Año del Jubileo".

Esta parte bien reconocida de los escritos de Isaías trataba sobre el Mesías. Luego dijo: "Hoy se cumple esta Escritura".

Todos decían cosas buenas sobre él y todos estaban asombrados por sus sabias palabras. Se preguntaron si era el mismo Jesús que conocían, que era carpintero e hijo de José y María. Pero su felicidad rápidamente se transformó en ira cuando Jesús los regañó a ellos y a otros judíos.

> Ningún profeta es bienvenido en su ciudad natal. Elías no ayudó a ninguno de los israelitas, sino que ayudó a una viuda en otro país. Había muchos en Israel con lepra cuando Eliseo era el profeta, pero sólo Naamán, el sirio, fue limpio.

Todos en la sinagoga estaban furiosos. ¡Él dio a entender que él era el Mesías, pero mostró preferencia por los extranjeros! Jesús salió y subió a la cima del cerro más alto del pueblo, al lugar donde llevaban a la gente para ser apedreada. La gente lo siguió, pero cuando llegó a la cima de la colina, se dio la vuelta y bajó la colina entre la multitud. Nadie lo tocó y nunca realizó ningún milagro en Nazaret.

Luego Jesús fue a Cafarnaúm y habló en la sinagoga, y todos quedaron asombrados de cómo entendía las Escrituras. Un hombre del público que estaba poseído por un demonio gritó en voz alta: "¡Vete! ¿Qué quieres de nosotros? ¿Has venido a destruirnos? ¡Sé que eres el Santo de Dios!

Jesús le dijo con firmeza: "¡Cállate y sal de él!". El demonio arrojó al hombre al suelo y salió. Todo el mundo estaba asombrado de que Jesús tuviera autoridad y poder sobre los espíritus malignos: ¡los demonios que enfrentó salían de las personas! Las noticias sobre Jesús y sus poderes se difundieron rápidamente por toda la región.

Jesús llama a sus primeros seguidores

Jesús atrajo a grandes multitudes que querían escuchar sus puntos de vista y ver sus asombrosos poderes. Cuando predicó por primera vez a orillas del mar de Galilea, la multitud creció tanto que quedó presionado contra el agua.

Vio dos barcos vacíos en la orilla y empujó uno de ellos al agua. Subió a la barca y desde ella habló a la multitud.

El barco pertenecía a los hermanos llamados Simón y Andrés. Cuando Jesús terminó de hablar, salió de la barca y les dijo que la llevaran a aguas profundas y echaran las redes. Simón dijo: "Trabajamos toda la noche y no pescamos nada. Pero lo haremos". Cuando lo hicieron, capturaron tantos peces que sus redes comenzaron a romperse. Llamaron a sus dos compañeros a la orilla (hermanos llamados Santiago y Juan) y les pidieron que trajeran su bote para ayudar a transportar todos los peces. Estos pescadores capturaron tanto pescado que ambos barcos empezaron a hundirse.

Todos quedaron asombrados por el tamaño de la captura. Se preguntaban cómo un carpintero sabía tanto sobre pesca y también entendía tan bien las Escrituras. Cuando Simón llegó a la orilla con todos los peces, se postró a los pies de Jesús y dijo: "Apártate de mí, Señor. Soy un hombre pecador". Jesús le dijo a Simón que no tuviera miedo y le puso el nombre de Pedro (que significa "roca") y le dijo que pronto pescaría hombres, no peces. De hecho, Jesús le dijo a Pedro que él sería la roca sobre la cual se crearía un nuevo reino y que los poderes de la muerte no lo vencerían. Los cuatro hombres dejaron sus barcas y redes en manos de sus padres y siguieron a Jesús.

Al día siguiente, Jesús le dijo a Felipe, un amigo de Pedro y Andrés, que lo siguiera. Felipe le contó a su amigo Bartolomé acerca de Jesús, quien se preguntaba si algo bueno podría salir de Nazaret. Felipe dijo: "¡Ven y mira!"

Entonces Jesús tenía seis hombres que lo seguían de cerca. Estas personas eran conocidas como "discípulos": se dedicaban a aprender de un maestro sabio, de la misma manera que un aprendiz es guiado por un maestro. (Era común que los maestros sabios hicieran que la gente los siguiera y aprendiera de ellos).

Jesús fue a casa de Simón Pedro, cuya suegra tenía fiebre alta. Pedro le pidió a Jesús que la ayudara. Después de que Jesús ordenó que la fiebre la dejara, ella se levantó inmediatamente y comenzó a servirles. Se corrió la voz de que Jesús podía curar a los enfermos, y esa noche, la gente empezó a traerle a los que estaban enfermos de alguna manera. Impuso sus manos sobre cada uno y los sanó.

A la mañana siguiente, Jesús salió a estar solo. La gente lo encontró y trató de impedir que se fuera, pero Jesús dijo que había venido a predicar la buena nueva del reino de Dios en muchas áreas.

9
LOS HECHOS DE JESÚS

Jesús siguió predicando en las sinagogas y realizando milagros. Tenía un carisma inusual y actuaba con autoridad. Las noticias sobre él se difundieron rápidamente y la gente traía a quienes estaban enfermos o padecían dolencias físicas. Grandes multitudes de personas de toda Palestina y de las grandes ciudades al este del Jordán (la mayoría de ellos eran gentiles) comenzaron a seguirlo. A menudo se asociaba con no judíos y con personas consideradas inmorales por los judíos religiosos. Muchas de sus acciones ayudaron a los no judíos y a quienes vivían al margen de la sociedad (mujeres, personas con discapacidad, poseídos por un espíritu maligno).

Jesús realizó muchos milagros. A veces lo hacía para dejar claro un punto y otras veces era simplemente un acto de bondad. Sanó los cuerpos, las emociones y los espíritus de las personas. Realizó milagros intencionalmente en sábado para enseñar acerca de las prioridades de Dios; los fariseos creían que estos milagros eran un tipo de trabajo prohibido en el día de descanso. Este capítulo describe los actos y enseñanzas importantes de Jesús después de convertirse en una figura pública en Galilea cuando tenía 30 años.

Encuentros inusuales y milagros

Un milagro de boda

Poco después de que Jesús habló desde la barca en el mar de Galilea, fue a una boda en Caná con su madre. Al tercer día de celebración, su madre le dijo que ya no había vino.

Jesús dijo que no estaba listo para revelar sus poderes, pero María les dijo a los sirvientes que hicieran lo que él dijera. Cerca había seis grandes tinajas de piedra para agua, que los judíos utilizaban para lavarse las manos antes de comer. Cada uno contenía al menos 20 galones de agua. Jesús dijo a los sirvientes que llenaran las tinajas con agua y luego se las llevaran al maestro del banquete.

El maestro lo probó, pero no sabía de dónde venía. Luego llamó aparte al novio y le dijo: "Todos sirven primero el mejor vino y luego el más barato, cuando los invitados han bebido demasiado. ¡Pero has guardado lo mejor hasta ahora! ¡El agua se había convertido en más de 100 galones de buen vino después de que muchas personas ya habían bebido demasiado!

mujer samaritana

Jesús viajó con sus discípulos por Samaria, una región evitada por los judíos. Llegó a un pozo al mediodía y se sentó mientras los discípulos iban a buscar comida. Cuando llegó una mujer samaritana, Jesús le pidió de beber. Ella dijo: "Tú eres judío y yo soy una mujer samaritana. ¿Por qué me pides de beber?

Jesús le dijo que si supiera quién era él, le pediría de beber y él le daría agua viva, término que se refiere al agua dulce de un pozo profundo. Dijo que quienes beben del agua que él da nunca tendrán sed, y "se convierte en un manantial de agua en el alma y trae vida eterna". Ella no veía cómo eso era posible porque él no tenía nada para conseguir agua. Pero ella quería este tipo de agua para no tener que visitar el pozo en el calor del mediodía.

Jesús le dijo que buscara a su marido, pero ella dijo que no tenía uno. Jesús respondió: "Tienes razón. Eso es porque has tenido cinco maridos y el hombre con el que vives ahora no es tu marido". La mujer avergonzada rápidamente cambió de tema y dijo que él era un profeta y dijo que sus antepasados adoraban en esta montaña, pero los judíos dijeron que los samaritanos tenían que adorar en Jerusalén. Jesús le dijo que vendría un tiempo en el que la gente no tendría que adorar en ningún lugar; más bien, "los verdaderos adoradores adorarán a Dios en Espíritu".

Cuando la mujer dijo que sabía que el Mesías vendría, Jesús le dijo: "Yo soy ese hombre". Luego fue rápidamente a la ciudad y les dijo a todos: "Vengan a ver a un hombre que me contó todo lo que hice. ¿Podría ser este el Mesías? Mucha gente vino a verlo y muchos creyeron en él. Jesús permaneció allí durante dos días y aún más samaritanos comenzaron a seguir a Jesús y creyeron que él era el Mesías. Por el contrario, cuando habló a los judíos, fue vago acerca de quién era y se refirió a sí mismo indirectamente como el Hijo del Hombre.

Un encuentro secreto en la noche

Un líder judío llamado Nicodemo visitó a Jesús en secreto durante la noche y sintió curiosidad por saber más sobre él. Jesús le dijo: "Nadie puede ver el reino de Dios a menos que nazca de nuevo". Nicodemo se quedó perplejo y preguntó: "¿Cómo puede alguien nacer siendo ya viejo? ¡No pueden nacer por segunda vez! Jesús respondió y describió un nuevo pacto.

> Nadie puede entrar en el reino de Dios a menos que nazca del agua y del Espíritu. El Espíritu da nacimiento al espíritu de uno. El Hijo del Hombre debe ser levantado para que todo el que crea tenga vida eterna. Porque tanto amó Dios al mundo que el Hijo de Dios fue enviado al mundo para que todo aquel que cree en él no muera, sino que viva para siempre. El Hijo existió antes de la creación del mundo y Dios no lo envió al mundo para condenarlo. Ha venido a salvar el mundo. Los que creen y lo siguen no son condenados; aquellos que no lo hagan serán condenados. La luz ha venido al mundo, pero la gente ama las tinieblas porque sus obras son malas. Aquellos que viven según la verdad salen a la luz para que se pueda ver lo que hacen.

Zaqueo el recaudador de impuestos

Un hombre bajo y rico llamado Zaqueo era el principal recaudador de impuestos en Jericó y estaba entre la multitud cuando Jesús llegó a la ciudad. Se subió a un árbol para poder ver pasar a Jesús. Cuando Jesús llegó al árbol, vio a Zaqueo y le dijo que bajara para comer juntos. Todos sabían quién era Zaqueo y empezaron a chismear que Jesús iba a ser huésped de un pecador. Pero Zaqueo era un hombre cambiado y le dijo a Jesús: "Señor, ahora daré la mitad de mis bienes a los pobres, y si en algo he defraudado a alguien, le devolveré cuatro veces la cantidad".

Jesús le dijo: "Hoy habéis sido salvos tú y los de tu casa. Este hombre es un hijo de Abraham. El Hijo del Hombre vino a salvar a los perdidos".

Un joven gobernante rico

Un joven líder le preguntó a Jesús qué se debe hacer para heredar la vida eterna. Jesús dijo que el hombre debe obedecer los 10 mandamientos. El hombre dijo que los había obedecido a todos desde que era niño. Entonces Jesús le dijo: "Aún te falta una cosa. Vende todo lo que tienes y dáselo a los pobres, y tendrás tesoro en el cielo. Entonces sígueme".

Cuando el hombre oyó esto, se puso muy triste porque era muy rico. Jesús lo miró y dijo a los que estaban allí: "¡Es muy difícil que los ricos entren en el reino de Dios! Es más fácil que un camello pase por el ojo de una aguja, que un rico entre en el reino de Dios". Los que oyeron esto preguntaron a Jesús quién podía salvarse. Jesús respondió: "Lo que es imposible para los hombres, es posible para Dios".[3]

---

[3] El "ojo de una aguja" era una abertura muy pequeña en el muro de Jerusalén. Un camello debía ser descargado completamente y acostado sobre una tabla, luego arrastrado sobre una tabla de madera para poder atravesar la puerta. El mensaje implica que una persona no puede heredar la vida eterna simplemente volviéndose muy humilde y pobre; se necesita la ayuda de Dios. Además, las

Jesús sana muchos tipos de personas

Jesús estaba enseñando en una casa que estaba muy llena de gente de toda Palestina; Los fariseos y los escribas estaban sentados en la primera fila. Jesús había estado sanando a mucha gente, y unos hombres llegaron a la casa llevando a un paralítico en una camilla. Como no pudieron entrar por la puerta, subieron al techo, quitaron las tejas y lentamente bajaron al hombre sobre su camilla con cuerdas, hasta donde Jesús estaba hablando. Todos observaron al hombre descender del techo. Cuando Jesús vio su fe, le dijo al hombre en la camilla que sus pecados estaban perdonados.

Los fariseos y los escribas se preguntaban qué clase de hombre diría tal blasfemia, porque sólo Dios puede perdonar los pecados. Jesús sabía lo que estaban pensando y preguntó: "¿Qué es más fácil, decir: 'Tus pecados te son perdonados' o decir: 'Levántate y anda'? Pero quiero que sepan que el Hijo del Hombre tiene autoridad para perdonar pecados". Jesús le dijo al paralítico: "Levántate y lleva tu camilla a casa". Inmediatamente el hombre se levantó, tomó la camilla en la que estaba acostado y se fue a su casa.

En otra ocasión, un centurión Romano pidió ayuda a Jesús. Su criado quedó paralítico en casa y sufría mucho dolor. Cuando Jesús se ofreció a ir a su casa para ayudar, el soldado dijo: "Señor, no merezco tenerte en mi casa. Sólo di la palabra y mi siervo será sanado. Entiendo la autoridad: tengo soldados a mis órdenes y si le digo a uno de ellos: 'Vete', se va". Jesús quedó asombrado por la fe del centurión y le dijo: "¡En verdad, nunca he encontrado a nadie en Israel con tanta fe! Ve, se ha hecho, tal como creías que sucedería". El sirviente de su casa quedó sano en ese momento.

Cuando Jesús estaba en Jerusalén para una fiesta judía, fue a un estanque que tenía poderes curativos. Muchas personas con discapacidad descansaban cerca de la piscina y un hombre había estado allí durante 38 años. Cuando Jesús lo vio y supo cuánto tiempo llevaba allí, le preguntó

---

posesiones de una persona pueden ser un obstáculo para vivir una vida obediente.

al hombre si quería sanarse. El hombre le dijo a Jesús que no tenía a nadie que lo ayudara a entrar al estanque cuando el agua se agitaba. Alguien más siempre llegaba primero al agua y se curaba. Jesús le dijo: "¡Levántate! Toma tu estera y camina". Inmediatamente el hombre quedó curado. Recogió su colchoneta y salió del área de la piscina.

Como esto ocurrió en sábado, los líderes judíos le recordaron al hombre que estaba prohibido llevar una camilla en sábado. Pero él les dijo que el hombre que lo había sanado le había dicho que tomara su camilla y caminara. Le preguntaron quién le había dicho que hiciera esto, pero el hombre no tenía idea. Cuando Jesús lo encontró más tarde en el templo, el hombre sanado les dijo a los líderes judíos que fue Jesús quien lo sanó.

Jesús sana a los que tienen espíritus malignos

Entre las personas que encontró Jesús había personas que tenían espíritus malignos viviendo en ellas. Cuando los conoció, lo reconocieron como el Hijo de Dios porque los espíritus malignos saben quién es. Pero cuando los espíritus revelaron lo que sabían de él, Jesús los detuvo y no los dejó hablar porque no quería que la gente supiera que él era el Mesías hasta el momento adecuado.

Cuando Jesús necesitó tiempo lejos de las multitudes, fue a la costa de Fenicia solo con sus discípulos. Una mujer griega que vivía allí le rogó a Jesús que tuviera misericordia de su hija que estaba endemoniada. Jesús la ignoró y les dijo a sus discípulos: "Sólo fui enviado a las ovejas perdidas de Israel". Pero ella siguió molestándolos y se convirtió en una molestia. Se arrodilló ante Jesús y pidió ayuda. Jesús le dijo: "No está bien tomar el pan de los hijos y echárselo a los perritos".

Ella respondió de manera inusual: "Pero Señor, hasta los perros comen las migajas que caen de la mesa de su amo". Jesús le dijo: "¡Mujer, tienes mucha fe! El demonio se ha ido". Regresó a su casa y encontró a su hijo acostado en la cama sin el demonio.

Más tarde, Jesús hizo un viaje inusual a una región gentil al este del Mar de Galilea para ayudar a dos hombres que tenían muchos demonios. Vivían en tumbas, se cortaban el cuerpo con objetos punzantes, no vestían ropa y eran tan violentos que nadie podía acercarse a ellos. Cuando Jesús se acercó a ellos, le gritaron: "¿Por qué has venido a usar tu poder sobre nosotros?"

Jesús les preguntó cómo se llamaban. Dijeron "Legión" porque había muchos demonios en los hombres. (El término *legión* se refiere a un grupo de varios miles de soldados Romanos). Los demonios vieron una gran manada de cerdos a lo lejos y le pidieron a Jesús que los arrojara dentro de los cerdos. Jesús señaló a los cerdos y dijo "Vayan" a los demonios. Los demonios abandonaron a los hombres, entraron en los cerdos y toda la manada corrió cuesta abajo y por un acantilado hacia el mar.

Los que cuidaban los cerdos contaron a todos en la región lo sucedido. Mucha gente fue a ver a Jesús y a los hombres endemoniados, que estaban sentados a los pies de Jesús, vestidos con ropa normal y en su sano juicio. Pero la gente le pidió a Jesús que se fuera; le tenían miedo y acababa de matar sus cerdos, una fuente de ingresos muy valiosa. Uno de los hombres quería ir con él a Galilea, pero Jesús le dijo que fuera a casa y contara a todos lo que Dios había hecho por él.

Los muertos cobran vida

Uno de los mejores amigos de Jesús era un hombre llamado Lázaro. Su hermana era María Magdalena que había sido liberada de los demonios. Lázaro estaba muy enfermo, y María y su hermana Marta enviaron un mensaje a Jesús para que viniera lo más rápido que pudiera a sanar a su buen amigo.

Pero Jesús se quedó dónde estaba dos días más, luego les dijo a sus discípulos que era hora de ir a ver a Lázaro porque estaba muerto. Les tomó dos días más llegar allí, y cuando llegaron, Lázaro llevaba cuatro días en una tumba.

Muchos judíos estaban allí para consolar a Marta y María. Cuando Marta escuchó que Jesús estaba cerca, corrió hacia él y le dijo: "Señor, si hubieras estado aquí, mi hermano no habría muerto". Jesús le dijo que Lázaro resucitaría de entre los muertos. Marta dijo que sabía que él eventualmente resucitaría en la última resurrección, pero Jesús dijo: "Yo soy la resurrección y la vida; los que creen en mí vivirán siempre, aunque mueran. ¿Crees esto?" Ella respondió: "Sí, Señor, creo que tú eres el Mesías, el Hijo de Dios, que ha venido al mundo".

Cuando fue al sepulcro, María estaba allí junto con muchos judíos que vinieron a consolar a las hermanas. María también se quejó de que, si hubiera venido antes, Lázaro no estaría muerto. Cuando Jesús la vio llorar a ella y a todos los judíos, se arrodilló y lloró, abrumado por la emoción. Lázaro era joven pero ahora estaba enterrado en una cueva y una gran piedra bloqueaba la entrada.

Entonces Jesús les dijo a otros que movieran la piedra. Marta quedó horrorizada y dijo: "¡Señor! ¡No olerá bien! (Marta constantemente intentaba hacer las cosas bien para causar una buena impresión). Jesús le dijo que era para mostrarle a la gente el poder de creer en Dios. Después de que quitaron la piedra, Jesús miró hacia arriba y dijo: "Padre, gracias por escucharme. Sé que siempre me escuchas, pero lo digo para que la gente de aquí crea que tú me enviaste".

Entonces Jesús dijo en alta voz dentro de la cueva: "¡Lázaro, sal!" El muerto salió con las manos y los pies envueltos en vendas. Un paño le rodeaba la cara. Jesús dijo a los que estaban allí que le quitaran las vendas y lo dejaran ir. ¡Lázaro estaba vivo otra vez!

Jesús se comporta de maneras inusuales

Jesús se asocia con los pecadores

Jesús vio a un recaudador de impuestos llamado Leví sentado en su garita de impuestos. Le dijo a Levi que lo siguiera. Leví se levantó, dejó todo y siguió a Jesús. Más tarde, Leví (también llamado Mateo) celebró un gran banquete para

Jesús en su casa, y estaban allí muchos publicanos y otras personas. Pero los fariseos y los escribas se quejaron de los discípulos de Jesús y le preguntaron por qué comía y bebía con los recaudadores de impuestos y los pecadores. Jesús respondió: "Los sanos no necesitan médico, pero los enfermos sí. He venido a llamar a los pecadores al arrepentimiento, no a los justos".

Los líderes religiosos continuaron interrogando a Jesús. Notaron que los discípulos de Juan y los fariseos ayunaban y oraban con frecuencia, pero los que seguían a Jesús estaban contentos con lo que comían y bebían. Jesús respondió: "¿Puedes hacer ayunar a los amigos del novio mientras él está con ellos? Pero llegará el tiempo en que les será quitado el novio; en aquellos días ayunarán". Entonces Jesús les contó esta parábola:

> Nadie arranca un pedazo de un vestido nuevo para remendar uno viejo, y nadie echa vino nuevo en odres viejos porque el vino nuevo se expandirá y romperá los odres, arruinando el vino y los odres. El vino nuevo debe echarse en odres nuevos, y nadie que bebe vino añejo quiere el nuevo, porque dicen: "El añejo es mejor".

(Jesús estaba diciendo que las personas se sienten más cómodas con las formas habituales de pensar y hacer las cosas y se resisten a las cosas e ideas nuevas. Los odres viejos son inflexibles y el cambio es difícil).

Jesús perturba el templo

Cuando Jesús estaba en Jerusalén para celebrar la Pascua, fue al patio del Templo. Vio gente vendiendo animales para sacrificios y sentándose a las mesas cambiando dinero. Se enojó mucho, hizo un látigo y echó a todos los animales del patio. También volteó las mesas que esparcieron el dinero por el suelo. Les dijo a los hombres: "¡Dejen de convertir la casa de mi Padre en un mercado! Está escrito: 'Mi casa será casa de oración', ¡pero ustedes la han convertido en cueva de ladrones!

Los judíos preguntaron a Jesús qué señal podía dar para demostrar su autoridad y justificar sus acciones. Jesús dijo: "Destruyan este templo y en tres días lo levantaré". Ellos respondieron: "Se necesitaron muchos años para construir este templo. ¿Vas a subirlo en tres días? El Templo del que Jesús hablaba era su propio cuerpo.

Jesús y el mar de Galilea

Una tarde, Jesús y sus discípulos estaban en una barca en el lago. De repente, una furiosa tormenta provocó que grandes olas chocaran contra los costados del barco y este comenzó a hundirse. Jesús dormía mientras la barca se llenaba de agua. Los discípulos lo despertaron porque pensaban que todos estaban a punto de ahogarse. Jesús les dijo: "Hombres de poca fe, ¿por qué tienen miedo?" Se levantó y ordenó a los vientos y a las olas que pararan, y todo quedó en total calma. ¡Los hombres en la barca estaban asombrados de que hasta los vientos y las olas le obedecieran!

Los Doce Discípulos

Si bien Jesús atrajo grandes multitudes mientras viajaba por Palestina, había 12 hombres que eran sus discípulos más cercanos. Jesús llamó "apóstoles" a estos dedicados discípulos. Ellos eran:
- Pedro (Simón) y su hermano Andrés (pescadores y propietarios de pequeñas empresas)
- Santiago y Juan (compañeros de pesca de Pedro y Andrés)
- Felipe (el amigo de los pescadores) y su amigo Bartolomé (también conocido como Natanael)
- Mateo (un recaudador de impuestos, también conocido como Leví)
- Tomás (también conocido como Dídimo)
- Santiago (hijo de Alfeo)
- Simón el Zelote
- Judas (hijo de otro hombre llamado Santiago)
- Judas Iscariote (un hombre con experiencia financiera).

Jesús les dijo a los 12 discípulos y a muchos otros que hicieran correr la voz en los pueblos y aldeas de que él vendría a visitar. Les dio poder y autoridad para expulsar todos los demonios, sanar a los enfermos y anunciar el reino de Dios. No llevaban nada consigo y, cuando entraban en una casa, decían primero: Paz a esta casa. Si alguien allí estaba promoviendo la paz, se quedaba allí. Pero si la gente de la ciudad no los recibía con agrado, salían de la ciudad y se sacudían el polvo de los pies en señal contra ellos. Iban en parejas proclamando las buenas nuevas acerca de Jesús y sanaban a la gente por todas partes.

Muchas mujeres también siguieron a Jesús, entre ellas María Magdalena, Juana (la administradora de la casa de Herodes) y Susana. Estas mujeres mantuvieron a Jesús y a los discípulos con su propio dinero.

Juan el Bautista

Juan el Bautista estuvo en prisión mientras crecía el ministerio de Jesús. Los seguidores de Juan le contaron lo que Jesús estaba haciendo y diciendo, y Juan envió hombres a preguntarle a Jesús: "¿Eres tú el que esperamos que venga, o deberíamos esperar a alguien más?"

Jesús dijo a los mensajeros que le dijeran a Juan que "los ciegos ven, los paralíticos caminan, los leprosos quedan limpios, los sordos oyen, los muertos resucitan y se proclaman buenas nuevas a los pobres". Éstas eran señales de que él era el Mesías. Entonces Jesús habló de Juan a los líderes religiosos: "Juan es de quien escribieron los profetas cuando escribieron: 'Enviaré por delante mi mensajero, que preparará tu camino'".

Juan pronto fue asesinado mientras estaba en prisión porque le había dicho al rey Herodes que no debería haberse casado con la esposa de su hermano. La nueva esposa del rey ordenó la ejecución y el rey aceptó de mala gana.

10
LAS ENSEÑANZAS DE JESÚS DESAFÍAN LAS TRADICIONES RELIGIOSAS

Jesús fue la persona más interesante que habló a los judíos en siglos, pero sus mensajes y acciones confundieron a mucha gente. Enseñaba principalmente contando historias que la gente entendiera. Podía citar cualquier escritura en cualquier momento, aunque no había sido formado como rabino. Proporcionó nuevas ideas sobre los mandamientos que Moisés había escrito y no siguió reglas religiosas estrictas.

El número de personas que comenzaron a seguir a Jesús amenazaba las actividades religiosas habituales. Muchos de los que esperaban al Mesías venidero asumieron que la persona traería victorias militares y derrocaría a los Romanos, pero Jesús tenía un mensaje diferente. Habló del reino de Dios y del reino de los cielos como si estuvieran cerca, presente y venidero.

Jesús tenía puntos de vista muy diferentes sobre las Escrituras de lo que creían los líderes religiosos. En ocasiones, su enseñanza entraba directamente en conflicto con lo que se había escrito. Él decía: "Han oído decir... pero yo les digo...". A veces sus mensajes eran difíciles de entender y otras veces se relacionaban con cosas que sucederían en el futuro. Sólo condenó a aquellos que eran muy religiosos y que usaban la religión para su propio beneficio. Se centró en el crecimiento espiritual en lugar de cambiar el gobierno; nunca criticó a los crueles Romanos.

Jesús dijo que el problema eran las creencias y expectativas religiosas inapropiadas que tenían los judíos muy religiosos.

Lo que contamina a una persona

Los judíos religiosos no comían hasta que se lavaban las manos de cierta manera y seguían otras tradiciones relacionadas con la limpieza. Algunos fariseos y escribas vieron a Jesús y sus discípulos comiendo sin lavarse las manos y preguntaron por qué comían con las manos sucias. Jesús dijo que la comida estaba limpia.

> Isaías tenía razón cuando los llamó hipócritas. Has abandonado los mandamientos de Dios y sólo sigues las tradiciones humanas. Comer con las manos sucias no hace que una persona sea mala. Es lo que sale del corazón de una persona lo que muestra su pecado. El mal proviene del corazón de una persona, como ser infiel, ser egoísta y mezquino, tramar el mal, tener celos, decir mentiras y ser orgulloso. Estos males provienen del interior de una persona.

Jesús cenó con un fariseo y no se lavó las manos primero. Jesús le dijo: "Ustedes, los fariseos, limpian por fuera el vaso y el plato, pero por dentro están llenos de avaricia y de maldad. Una señal de que estás limpio por dentro es que eres generoso con los pobres".

El sábado

Cuando Jesús y sus discípulos caminaron por los campos de trigo durante el sábado, arrancaron algunas espigas y comieron los granos. Algunos fariseos le preguntaron a Jesús por qué hacía lo que era ilegal en sábado. Jesús les respondió:

> ¿No has leído lo que hizo David cuando él y sus amigos tenían hambre? Entraron en la casa de Dios y comieron el pan bendito que sólo era permitido comer a los sacerdotes. La gente no fue hecha para el sábado; el sábado fue hecho para la gente. Dios dijo: "Misericordia deseo, no sacrificio", así que no debes condenar a los

inocentes. Si tu oveja cae en un hoyo en sábado, ¿no la sacarás?

Mientras Jesús enseñaba en la sinagoga un sábado, se encontró allí con un hombre que tenía una mano seca. Los fariseos y los escribas observaban atentamente si sanaría a alguien en sábado. Jesús le dijo al hombre que se pusiera de pie frente a todos y preguntó a los líderes religiosos: "¿Qué es lícito en el sábado: hacer el bien o el mal, salvar la vida o destruirla?" Como nadie respondió, Jesús le dijo al hombre que extendiera la mano. Cuando lo hizo, su mano quedó completamente curada. Los fariseos y los escribas estaban furiosos con Jesús por "trabajar" en sábado.

El buen samaritano

Un líder religioso que quería poner a prueba a Jesús le preguntó qué se debe hacer para que una persona viva para siempre. Jesús respondió que la gente debía hacer lo que estaba escrito en la Ley. El líder citó la Ley: "Ama al Señor tu Dios con todo tu corazón, con toda tu alma, con todas tus fuerzas y con toda tu mente" y "Ama a tu prójimo como a ti mismo". Jesús respondió: "Tienes razón. Haz esto y vivirás".

Pero el inteligente líder le preguntó a Jesús: "¿Quién es mi prójimo?" Jesús respondió con una historia.

Un hombre caminaba por el peligroso camino de Jerusalén a Jericó y fue atacado por ladrones. Lo desnudaron, lo golpearon y lo dejaron medio muerto. Un sacerdote que pasaba por allí se dirigió al otro lado de la calle cuando vio al hombre. Un levita también vio al hombre y también lo pasó al otro lado del camino. Pero llegó un samaritano y vio al hombre medio muerto y sintió pena por él. Limpió y cubrió sus heridas, luego montó al hombre en su burro y lo llevó a la posada más cercana. Le dijo al posadero que lo cuidara y le dio dos días de salario y le dijo: "Cuando regrese, pagaré los gastos que tengas por cuidarlo".

Jesús preguntó al líder cuál de los tres hombres era vecino del hombre que fue atacado. El líder respondió: "El hombre que le mostró misericordia". Jesús le dijo al líder: "Ve y muestra misericordia a los que la necesitan".

Alegría al encontrar lo perdido

Los recaudadores de impuestos y los pecadores a menudo se reunían con Jesús, y los fariseos y los escribas estaban disgustados de que Jesús recibiera y comiera con los pecadores. Jesús sabía lo que decían los religiosos y les dio dos escenarios hipotéticos.

> Si una mujer tiene 10 monedas de plata y pierde una, ¿no enciende una lámpara, barre el piso y busca con atención hasta encontrarla? Si tienes 100 ovejas y pierdes una de ellas, ¿no dejarás las 99 y buscarás la que se perdió hasta encontrarla? Cuando lo encuentres, ¿no te alegrarás tanto de ponértelo sobre los hombros y llevártelo a casa? En ambos casos, las personas se alegran cuando encuentran lo que buscan. Dios no quiere perder a nadie.

El hijo pródigo

Jesús también contó una larga parábola sobre un hombre que tenía dos hijos. Cuando el hijo menor pidió su herencia por adelantado, el padre vendió suficiente parte de su propiedad para darle su mitad. El hijo tomó su dinero y lo desperdició viviendo imprudentemente. Después de gastar todo su dinero, se volvió tan pobre que aceptó un trabajo alimentando cerdos (los judíos no debían tocar nada relacionado con un cerdo).

El hijo pronto recobró el sentido y pensó en los sirvientes de su padre que tenían mucha comida. Como se moría de hambre, decidió volver con su padre y pedirle ser uno de sus sirvientes. El padre lo había estado esperando todos los días después de su partida, esperando que regresara. Muchos meses después, el hijo apareció a lo lejos y el padre reconoció su caminar. Lleno de alegría y amor y sin preocuparse por cómo lo veían los demás, corrió hacia su hijo, lo abrazó y lo besó. (En esa cultura, los hombres mayores nunca corrían). El padre les dijo a sus sirvientes que le pusieran un anillo en el dedo, sandalias en los pies y la mejor bata. Al becerro más grande lo mataron para que pudieran hacer un banquete y celebrar, porque "mi hijo estaba muerto, pero está vivo; estaba perdido y ha sido encontrado".

Jesús continuó con la historia. El hijo mayor que regresó a casa después de trabajar en el campo se preguntó por qué la gente bailaba al son de la música. Le dijeron que su hermano había regresado y que su padre había matado el ternero más grande para celebrarlo. El hermano mayor estaba enojado y no participó en la celebración. El padre le rogó que viniera, pero el hijo mayor dijo: "He trabajado como esclavo para ti todos estos años y nunca te desobedecí. Nunca me diste ni un cabrito para celebrar con mis amigos. ¡Pero cuando este hijo tuyo vuelve a casa después de desperdiciar tu dinero viviendo salvajemente, le matas el ternero más grande!

El padre dijo con profundo amor: "Hijo mío, tú siempre estás conmigo y todo lo que tengo es tuyo. Pero tenemos que celebrar porque tu hermano estaba muerto y está vivo otra vez; estaba perdido, pero ahora lo han encontrado".

(El término *pródigo* significa gastar recursos libremente o ser despilfarradoramente extravagante. La historia generalmente aplica el término al hijo, pero en el contexto de las enseñanzas de Jesús sobre la preocupación de Dios por los perdidos, la historia trata sobre el amor extravagante del padre por aquellos que no lo merecen. Así que "El padre pródigo" es un mejor título para la historia).

Más ejemplos de generosidad inesperada

Cuando un fariseo muy respetado y muchos de sus amigos invitaron a Jesús a cenar, les contó una parábola sobre un hombre que preparó una cena suntuosa para muchos invitados. Cuando la cena estuvo lista, hizo que su sirviente informara a todos los invitados a venir. Pero todos tenían excusas para no venir, y el criado le dijo al hombre que no vendría nadie. El hombre se enojó y le dijo a su criado que fuera a las calles y a las callejuelas y trajera a los pobres, los lisiados, los ciegos y los cojos. El sirviente lo hizo, pero todavía había lugar para más invitados. Entonces el anfitrión le dijo al siervo que fuera por toda la región a buscar más gente, y su casa se llenó.

Jesús le contó a otro grupo de personas una parábola sobre cómo Dios sería generoso con aquellos que no lo merecen. El reino venidero sería como un terrateniente que salió temprano en la mañana y contrató trabajadores para su viña, diciendo que les pagaría un día de salario por un día de trabajo. Pero unas horas más tarde, el terrateniente contrató a más personas que querían trabajo y dijo que les pagaría un salario justo. Hizo lo mismo varias veces más, incluida la contratación de trabajadores a última hora de la tarde.

Al final del día, todos vinieron a cobrar. El dueño empezó con los últimos contratados al final del día y recibió un salario por todo el día. Los que fueron contratados temprano en la mañana vieron esto y esperaban recibir mucho más que el salario de un día. Pero cada persona recibía la misma cantidad, un jornal, independientemente de cuántas horas trabajaran.

Los que fueron contratados primero comenzaron a quejarse y le dijeron al dueño que no era justo que los que trabajaban sólo una hora recibieran el mismo salario, a pesar de que otros hacían la mayor parte del trabajo. Pero el dueño dijo que no estaba siendo injusto. Les pagó el salario que les había prometido. Luego dijo: "¿No tengo derecho a ser generoso con mi propio dinero? ¡Estás celoso de mi generosidad! Los últimos serán los primeros y los primeros serán los últimos".

Perdón

Pedro una vez le preguntó a Jesús con qué frecuencia la gente debería perdonar a los demás. La tradición judía era perdonar a alguien tres veces, y Pedro sugirió que el número correcto podría ser hasta siete veces. Pero Jesús dijo que el número correcto era 77 veces y luego contó esta historia.

Uno de sus sirvientes le debía una gran suma de dinero a un rey. Cuando el rey vino a cobrar, el hombre no pudo pagarlo. Luego, el rey ordenó que él, su familia y todas sus posesiones se vendieran para pagar la deuda. Pero el sirviente cayó de rodillas y suplicó clemencia, diciendo que le devolvería todo. El rey sintió pena por él, canceló la deuda y lo dejó ir a él y a su familia.

Pero entonces el sirviente acudió a un hombre que le debía una pequeña deuda. Cuando el hombre dijo que no podía devolverlo, el sirviente le exigió el dinero. Cuando el hombre pidió paciencia, el sirviente hizo que lo encarcelaran hasta que pudiera pagar la deuda.

Cuando los otros sirvientes vieron esto, se lo dijeron al rey, quien llamó al sirviente y le dijo: "Yo cancelé tu gran deuda, así que deberías haber tenido misericordia del hombre que te debía una pequeña deuda". Luego, el rey arrojó a la cárcel al siervo que había sido perdonado hasta que pudiera pagar lo que debía.

No había manera de que ninguno de los sirvientes pudiera pagarle al rey lo que se le debía. Jesús concluyó diciendo que Dios no perdonaría a quienes no perdonaran a otros. Jesús dio a entender que siempre debemos perdonar a quienes lo piden.

Parábolas sobre la tierra y las semillas

Mientras Jesús viajaba por la región, habló buenas nuevas sobre el reino de Dios y contó esta parábola.

Un granjero esparció sus semillas y algunas cayeron en el camino, donde fueron pisadas y devoradas por los pájaros. Otras semillas cayeron en terreno pedregoso, y cuando brotaron, las plantas se secaron porque no tenían humedad. Otras semillas cayeron entre espinas que ahogaron las plantas. Pero otras semillas cayeron en buena tierra, crecieron y produjeron una gran cosecha.

Sus discípulos le pidieron que explicara el significado de la parábola. Jesús dijo:

Las semillas son la palabra de Dios. Las semillas en el camino son los que oyen, pero viene el diablo y les quita la palabra del corazón, para que no crean. Las semillas en terreno pedregoso son los que reciben la palabra con alegría, pero no tienen raíces; cuando las cosas se ponen difíciles, se caen. Las semillas que cayeron entre los espinos son los que oyen, pero son ahogados por las preocupaciones, las riquezas y los placeres de la vida y no maduran en su fe. Pero la semilla en buena tierra es la de los de buen corazón, los que oyen la palabra, la guardan y dan buena cosecha gracias a su perseverancia.

Jesús contó otra historia sobre el reino de Dios. Era como las semillas esparcidas por el suelo. Con el tiempo, las semillas de alguna manera crecen. Por sí solas, el suelo produce gradualmente grano, que se cosecha cuando está listo. El reino es también como levadura invisible que misteriosamente hace crecer el pan.

El sermón de la montaña

A veces Jesús hablaba a miles de personas a la vez. Una vez habló durante mucho tiempo en una montaña ante varios miles de personas. Parte de lo que predicó fue difícil de entender y diferente de lo que se había enseñado antes.

Bienaventurados los pobres de espíritu, porque de ellos es el reino de los cielos.

Bienaventurados los que están tristes, porque serán consolados.

Bienaventurados los humildes, porque ellos heredarán la tierra.

Bienaventurados los que tienen hambre y sed de vivir correctamente, porque serán saciados.

Bienaventurados los que son bondadosos, porque a ellos se les mostrará bondad.

Bienaventurados los que tienen buenos pensamientos y deseos, porque verán a Dios.

Bienaventurados los pacificadores, porque serán llamados hijos de Dios.

Bienaventurados los que sufren persecución porque viven en el camino correcto, porque de ellos es el reino de los cielos.

Bienaventurados serán cuando la gente sea mala con ustedes y diga toda clase de cosas falsas y malas contra ustedes por mi culpa. Alégrense y muéstrense contentos, porque su recompensa será grande en el cielo, porque así persiguieron a los profetas que vinieron antes de ustedes.

Eres la sal de la tierra y la luz del mundo. Una ciudad construida sobre una colina no se puede ocultar. La gente no enciende una lámpara y la esconde: la ponen en su soporte donde ilumina a todos. Deja que tu luz brille para que otros vean tus buenas obras y glorifiquen a Dios.

No he venido a deshacerme de la Ley ni de las palabras de los Profetas – vine a cumplirlas. Fue escrito hace mucho tiempo: "No matarás, y cualquiera que mate será juzgado". Pero yo digo que cualquiera que se enoje con su hermano o hermana, será juzgado. Si estás ofreciendo una ofrenda en el altar y recuerdas que tu hermano o tu hermana tiene algo contra ti, ve y reconcíliate con ella y luego vuelve y deja tu ofrenda.

Fue escrito hace mucho tiempo: "No cometerás adulterio". Pero yo les digo que cualquiera que mira a una persona y la quiere para sí, ha cometido adulterio en su corazón. Si tu ojo derecho te hace tropezar, córtalo.

Se ha dicho que hay que tomar ojo por ojo y diente por diente. Pero yo digo: si alguien te da una bofetada en la mejilla derecha, preséntale la otra mejilla. Si alguien te obliga a caminar una milla, hazlo dos millas. Da a quien te pide y no rechaces a quien quiere pedirte prestado.

Se ha dicho que debes amar a tu prójimo y odiar a tu enemigo. Pero yo digo: amen a sus enemigos y oren por aquellos que son malos con ustedes. Si amas a quienes te aman, eso no es nada; ¡hasta los recaudadores de impuestos hacen eso!

No practiques tu religión para que otros la vean. Cuando des a los necesitados, no lo hagas obvio, como lo hacen las personas religiosas, para que los demás los elogien. Cuando des, hazlo en secreto. Dios ve lo que se hace en secreto y te recompensará.

No intenten conseguir muchas cosas bonitas para ustedes mismos, porque pueden ser destruidas o robadas. En lugar de eso, haz cosas buenas por los demás, que no puedan ser destruidas ni robadas. No te preocupes por tu vida ni por tu cuerpo ni por lo que te pondrás. Mira a los pájaros: no almacenan comida en graneros, pero Dios los alimenta. Eres mucho más valioso que los pájaros. Preocuparse no puede alargar tu vida ni una hora más. Más bien busca primero el reino de Dios y haz lo correcto, entonces todo te será dado. No te preocupes por el mañana: hay muchos problemas con los que lidiar cada día.

No juzgues a los demás, porque serás juzgado en la forma en que juzgas a los demás. ¿Por qué miras el poquito de polvo en el ojo de otra persona, pero ignoras el tronco que tienes en el tuyo? Primero saca el tronco de tu propio ojo, y entonces verás claramente para poder quitar el poquito de polvo del ojo del otro.

Haz a los demás lo que te gustaría que te hicieran a ti: esto resume la Ley y los Profetas. La puerta y el camino que conducen a la destrucción son anchos, pero la puerta y el camino que conducen a la vida son angostos. Tomé la carretera estrecha y utilicé la puerta estrecha. Pocas personas toman ese camino; la mayoría sigue a líderes falsos que parecen pacíficos pero que son como lobos por dentro. Por sus frutos los conocerán. ¿La gente recoge uvas o higos de plantas con espinas? Todo buen árbol da buenos frutos, pero el árbol malo da malos frutos. Todo árbol que no da buenos frutos es cortado y arrojado al fuego. Así que no todo el que me llama "Señor" entrará en el reino de los cielos, sino sólo el que hace la voluntad de mi Dios en el cielo. Muchos me dirán aquel día: "Señor, ¿acaso no enseñamos en tu nombre e hicimos muchos milagros?" Les diré: "Nunca los conocí. ¡Aléjense de mí, malhechores!

Los que ponen en práctica mis palabras son como los sabios que construyeron su casa sobre la roca. Llegaron las lluvias y los vientos soplaron y azotaron aquella casa. Pero no cayó porque sus cimientos eran sólidos. Pero los que escuchan mis palabras y no las practican son como tontos que construyeron su casa sobre arena. Vinieron las lluvias y soplaron los vientos y azotaron esa casa, y la arrasó.

Oración

Jesús enseñó acerca de cómo hablar con Dios. Aquellos que oran no deben usar un lenguaje florido para impresionar a los demás, y no deben decir las mismas cosas una y otra vez. En cambio, las personas deberían orar en privado y ser honestas, contándole a Dios sus pensamientos y sentimientos más profundos. Dios sabe lo que la gente necesita incluso antes de que lo pidan.

Jesús proporcionó un ejemplo de oración que contenía ciertos elementos básicos. Estos incluían (1) un reconocimiento de que Dios es santo, (2) un deseo de que el reino de Dios influya en este mundo para que se parezca más al cielo, (3) pedir las necesidades básicas que necesitamos para sobrevivir, (4) pedir por el perdón de nuestros pecados y por ayuda para perdonar a otros, y (5) buscar protección de las fuerzas del mal en el mundo. Las oraciones pueden centrarse en alabanza, acción de gracias y peticiones. Jesús dijo que a Dios le encanta cuando la gente ora y quiere que todos dependan de Dios para satisfacer sus necesidades.

> Todo el que pide recibirá, el que busca encontrará y al que llame se le abrirá la puerta. ¿Quién de ustedes, si sus hijos le piden pan, les dará una piedra? Si los malos saben dar buenas dádivas a sus hijos, ¡cuánto más Dios dará buenas dádivas a quienes se las pidan!

Jesús a menudo se retiraba a lugares tranquilos y privados para estar solo y hablar con Dios. No había un momento o lugar específico cuando oraba; su conciencia de Dios era constante y continua, y escuchar a Dios a través del silencio era parte del proceso.

Dios es revelado en Jesús

Jesús se refirió a Dios como su Padre.

> Todo me ha sido dado por mi Padre. Nadie conoce al Padre excepto el Hijo y aquellos que él elige. Vengan a mí si están cansados y agobiados y yo los haré descansar. Déjame guiarte como un granjero guía a un buey

llevando un yugo. Mi yugo es fácil, mi carga es ligera. Si me conoces, conoces a Dios; conocerás la verdad y ella te hará libre. Soy manso y humilde, y tu espíritu encontrará descanso.

Los discípulos le preguntaron a Jesús qué señal les daría para ayudarlos a creerle; dijeron que a los israelitas se les dio maná, pan del cielo. Jesús les dijo: "Dios es quien les da el verdadero pan del cielo. Yo soy el pan de vida; mi cuerpo es el pan que doy al mundo. El que cree en mí no tendrá hambre ni sed. No ahuyentaré a nadie que venga a mí".

Algunos judíos se quejaron cuando dijo que venía del cielo. Lo conocían como hijo de José y María, entonces ¿cómo podía decir que venía del cielo? Los judíos también se preguntaban cómo Jesús podía darles su cuerpo para comer. Jesús les dijo: "Si no comen la carne del Hijo del Hombre y no beben su sangre, no tienen vida en ustedes. Los que comen mi carne y beben mi sangre tienen vida eterna; yo los resucitaré en el último día".

Después de escuchar esto, muchos de los que tomaron literalmente sus palabras lo abandonaron. Jesús preguntó a sus 12 discípulos si querían dejarlo, pero Simón Pedro dijo: "Señor, ¿a quién más debemos seguir? Tú tienes palabras de vida eterna. Sabemos que eres el Santo de Dios".

Los costos del discipulado

Jesús quería que las personas que lo seguían pensaran cuidadosamente en ser sus discípulos. Les dijo: "Si alguien viene a mí, pero ama más a su familia o a su propia vida, no puede ser mi discípulo". Luego contó varias historias para explicar lo que quería decir.

> Si deseas construir una torre, ¿primero estima el costo para ver si tienes suficiente dinero para completarla? Si empiezas, pero no puedes terminarlo, todos se burlarán de ti. O si un rey está pensando en ir a la guerra, ¿no pensará primero en si su ejército puede derrotar a un ejército del doble de tamaño? los envío como ovejas en medio de lobos, así que estén en guardia. Deben ser tan sabios como las serpientes, pero también inocentes

como una paloma. Serán entregados a las autoridades y azotados en las sinagogas. Serán llevados ante muchos líderes y gentiles para que sean mis testigos. Pero cuando te arresten, no te preocupes por qué decir o cómo decirlo: el Espíritu de Dios hablará a través de ti. Todos los odiarán por mi causa, y cuando los persigan, huyan a otro lugar. No teman a los que matan el cuerpo; no pueden matar el espíritu. Pero ten cuidado con aquellos que son malvados y quieren llevarte con ellos al infierno. Reconoceré ante Dios en el cielo a quienes hablen por mí, pero repudiaré a quienes me reniegan ante otros. El que pierda su vida por mí, la encontrará.

Preparándose para el juicio

Jesús contó varias parábolas sobre estar listo y preparado para el regreso de Dios y el juicio de todas las personas. Primero habló de 10 vírgenes que esperaban encontrarse con su novio en un momento desconocido. Cinco fueron tontas: tenían lámparas para iluminar la noche, pero no tenían aceite para recargar sus lámparas. Las otras cinco eran prudentes: tenían lámparas y guardaban aceite para recargarlas. Después de esperar mucho tiempo, todos se quedaron dormidos. Cuando llegó el novio en medio de la noche, las mujeres insensatas no pudieron encender sus lámparas, y las mujeres prudentes no quisieron compartir su aceite. Cuando las mujeres insensatas fueron a comprar aceite, vino el novio y llevó a las mujeres sabias al banquete de bodas. Cuando las mujeres insensatas vinieron más tarde con su aceite, el novio dijo que no sabía quiénes eran. Jesús terminó esta parábola diciendo que la gente debe estar preparada porque no se sabe el tiempo del juicio.

Parábola de los dones de oro

Jesús también contó una historia sobre cómo hacer un uso sabio de lo que tenemos mientras estamos vivos. Describió a tres sirvientes a quienes se les dieron varias cantidades de oro para usar mientras el dueño estaba ausente en un largo viaje. El propietario le dio oro a cada uno según su capacidad para usarlo sabiamente. Un siervo recibió cinco bolsas, otro siervo recibió dos bolsas y el tercero recibió una bolsa.

El siervo que recibió cinco bolsas de oro las usó sabiamente y ganó cinco bolsas de oro más. El siervo que recibió dos bolsas también usó el oro sabiamente y duplicó la cantidad de oro. Pero el sirviente al que le habían dado una bolsa cavó un hoyo y escondió el oro en la tierra.

Cuando el dueño regresó y pidió el oro, los sirvientes a quienes les habían dado cinco y dos bolsas le presentaron al dueño el doble de la cantidad que les habían dado. El dueño les dijo: "¡Bien, siervo bueno y fiel! En pocas cosas has sido fiel; Te pondré a cargo de muchas cosas. ¡Ven a compartir mi felicidad!

El sirviente al que le dieron una bolsa de oro le dijo al dueño que tenía miedo y enterró el oro en la tierra, y le dio la bolsa al dueño. El dueño le dijo a este siervo: "¡Eres malvado y perezoso! Al menos deberías haber puesto el oro en el banco para poder recuperarlo más los intereses". El dueño le dio una bolsa de oro al siervo que tenía 10 bolsas y le dijo que a los que usen lo que tienen se les dará más, pero a los que no usen lo que tienen, perderán lo que tienen. Luego el dueño hizo arrojar al último sirviente a la oscuridad donde la gente llora.

Parábola de las ovejas y las cabras

Jesús contó una parábola para describir quién iría al cielo y quién iría al infierno. Dijo que el rey se sentará en un trono y, cuando cada persona esté delante de él, los separará como un pastor separa las ovejas de los cabritos. El rey dirá a algunos: "Entren en el reino, porque tuve hambre y me dieron de comer, tuve sed y me dieron de beber, fui forastero y me acogieron, necesitaba ropa y me vistieron". Yo estuve enfermo y ustedes me cuidaron, estuve en prisión y ustedes me visitaron".

Pero este pueblo preguntará al rey: "¿Cuándo te vimos así y respondimos como tú dices que lo hicimos?" El rey les dirá: "Cuando hicieron estas cosas a mis hermanos y a mis hermanas, a mí me lo hiciste".

Entonces el rey dirá a los demás: "Malditos sean y vayan al fuego eterno preparado para el diablo y sus ángeles. Porque estaba hambriento y sediento, forastero, desnudo y enfermo, pero ustedes no me ayudaron. Este grupo preguntará maravillados cuando lo vieron de esta manera y no lo ayudaron. El rey les dirá: "Lo que no hicieron por aquellos que tenían estos problemas, no lo hiciste por mí". Las personas de este grupo irán al castigo eterno, pero los justos vivirán para siempre en el cielo.

Condena de los líderes religiosos

Jesús a menudo hablaba con dureza a los líderes religiosos porque estaban desviando a la gente, no eran un buen ejemplo de conducta y tenían motivos encontrados. Tenían confianza en sus propias prácticas religiosas y menospreciaban a los demás. Jesús contó esta parábola.

> Dos hombres fueron al templo a orar, uno era fariseo y el otro era recaudador de impuestos. El fariseo oró en voz alta diciendo: "Dios, te doy gracias porque no soy como los demás – ladrones, malhechores, adúlteros – ni siquiera como este recaudador de impuestos. Ayuno dos veces por semana y doy una décima parte de todo lo que recibo". Pero el recaudador de impuestos se paró a distancia, se golpeó el pecho y dijo: "Dios, ten misericordia de mí, pecador". Les digo que este hombre, no el fariseo, puede regresar a su casa con confianza y presentarse ante Dios. Todos los que se jactan de sí mismos serán humillados; los que se humillan serán alabados.

En varias ocasiones, Jesús criticó duramente a los líderes religiosos delante de otros. Regañó a los fariseos por dar el diezmo de su jardín, pero descuidaron ser justos, bondadosos y caminar humildemente con Dios. Los llamó hipócritas porque decían que aprobaban lo que hicieron sus antepasados, pero sus antepasados mataron a los profetas. Eran como lápidas blancas, hermosas por fuera, pero muertas e inmundas por dentro.

Parábola de la viña

Jesús les contó una parábola sobre un terrateniente que plantó una viña y edificios para protegerla. Luego alquiló la viña a unos agricultores y se fue. Cuando se acercaba el tiempo de la cosecha, envió a sus sirvientes a los labradores para que recogieran su fruto. Los inquilinos golpearon a un sirviente y mataron a otros dos. El dueño envió más sirvientes y fueron tratados de la misma manera. Finalmente, el dueño envió a su hijo, pensando que los inquilinos seguramente lo respetarían. Pero cuando los labradores vieron al hijo, se dijeron unos a otros: "Éste es el heredero. Matémoslo y tomemos su herencia". Entonces lo mataron a él también.

Jesús preguntó a los fariseos qué pasará cuando regrese el dueño de la viña. Los fariseos dijeron: "Destruirá a estos malvados labradores y alquilará la viña a otros labradores". Jesús les dijo: "La Escritura dice: 'La piedra que desecharon los constructores se ha convertido en la piedra angular'. Por tanto, el reino de Dios les será quitado y será dado a hombres que produzcan fruto".

Después de escuchar estas reprensiones y recordar todas las demás cosas que Jesús les había dicho, los fariseos y los escribas terminaron de discutir. Querían arrestarlo, pero tenían miedo de la multitud porque la mayoría pensaba que era un profeta. Observaron a Jesús de cerca y enviaron espías que fingieron ser sinceros para atraparlo y encontrar algo de lo que dijo para poder entregarlo al gobernador Romano. Estos espías le preguntaron: "Maestro, sabemos que hablas justicia, que eres justo y enseñas el camino de Dios. ¿Es correcto que paguemos impuestos al César o no?

Jesús vio su astuta trampa y les preguntó: "Muéstrenme una moneda. ¿De quién es la imagen y la inscripción?

"Del César", respondieron.

Jesús les dijo: "Den al César lo que es del César, y a Dios lo que es de Dios". Asombrados por su respuesta, se quedaron callados y no pudieron sorprenderlo en nada de lo que decía.

11
ARRESTO Y EJECUCIÓN, LUEGO VIDA

En su tercer año de ministerio, Jesús habló más a menudo sobre ser un siervo y su propia muerte. Había sido cuidadoso cuando hablaba de su papel en el mundo y a menudo hablaba de sí mismo como el Hijo del Hombre o como "él" y usaba símbolos para decir quién era. Por ejemplo, dijo: "Yo soy el pan de vida" y "Yo soy la resurrección y la vida; los que creen en mí vivirán, incluso cuando mueran". Silenció a los demonios cuando decían que él era el Mesías. Realizó milagros que cumplieron las predicciones sobre él como el Mesías, el Rey Siervo descrito por los profetas. Pero le dijo a la gente que no hablara de los milagros que hizo y que indicaban que él era el Mesías porque "no era el momento adecuado".

Los judíos se estaban impacientando y querían saber si él era el Mesías. Se refirió a Dios como su Padre en el cielo y habló del reino de Dios que había llegado. Algunos estaban asombrados por su poder, pero las cosas que decía eran tan radicalmente diferentes que algunos querían apedrearlo: era pecado afirmar ser Dios. Para los líderes religiosos, Jesús estaba alejando a los judíos de la verdad.

Jesús también habló indirectamente de su propia muerte y de cómo ésta le conduciría a la vida eterna en el cielo. Por ejemplo, se llamó a sí mismo "el buen pastor".

> Yo soy el buen pastor y la puerta para las ovejas que conocen y escuchan su voz. Él sabe el nombre de cada uno, los saca y ellos lo siguen. Yo soy la puerta; los que entren por mí serán salvos y encontrarán pastos. ¡He

venido para que tengan una vida plena y abundante! El buen pastor da su vida por las ovejas. Habrá un rebaño y un pastor. Mi Padre me ama porque pongo mi vida. Nadie me quita la vida, yo elijo entregarla.

Después de que Jesús resucitó a Lázaro de entre los muertos, los principales sacerdotes y los fariseos se reunieron con los líderes religiosos y discutieron lo que debían hacer. Dijeron que la gente le creería si no lo detenían. Pensaron que los Romanos les quitarían el templo y perderían toda la independencia que tuvieran. El sumo sacerdote dijo que era mejor que muriera un hombre que dejar perecer a toda la nación. Decidieron arrestar a Jesús y mandarlo matar.

Jesús entra en Jerusalén

El tiempo de Jesús había llegado. Fue a Jerusalén con sus seguidores para la fiesta de la Pascua de primavera, pero antes de entrar a la ciudad, hizo que dos discípulos consiguieran un asno y su pollino. Esto cumplió lo que el profeta Zacarías escribió acerca del Mesías: "Tu rey viene a ti, manso y montado en un pollino hijo de asna".

Los discípulos le llevaron los animales y les pusieron sus mantos para que Jesús se sentara encima. Una gran multitud puso sus abrigos y ramas de árboles en el camino cuando entró en la ciudad. La multitud a lo largo del camino gritaba: "¡Hosanna al Hijo de David! ¡Bendito el que viene en el nombre del Señor! La ciudad entera estaba llena de energía y la gente preguntaba quién estaba causando tanto revuelo. La gente decía que era Jesús, el profeta de Nazaret.

La última comida con los discípulos

El jueves por la noche antes de la Pascua, Jesús supo que era hora de dejar este mundo y regresar a Dios en el cielo. Reunió a los 12 discípulos en el aposento alto de la casa de un amigo para cenar. Durante la comida, Jesús se quitó el manto, se envolvió la cintura con una toalla y echó agua en un recipiente grande. Luego lavó los pies de sus discípulos y los secó con la toalla.

Después de que Jesús les lavó los pies a todos, regresó a la mesa y preguntó a los hombres: "¿Entienden lo que he hecho por ustedes? Me llamas 'Maestro' y 'Señor', y ambos son correctos. Pero les he lavado los pies para darles ejemplo, para que hagan como yo he hecho con ustedes".

Mientras comían juntos, Jesús pasó una barra de pan para que cada uno pudiera comer un trozo. Después de bendecir, tomó el pan y dijo: "Esto es mi cuerpo, entregado por ustedes. Cómelo y recuérdame". Después de que comieron el pan juntos, Jesús pasó una copa de vino y dijo: "Beban todos de esta copa. Es mi sangre la nueva alianza que es derramada por muchos para el perdón de todos sus pecados". (Esta "comida" llegó a ser conocida como la Cena del Señor).

Durante el resto de la comida, los discípulos comenzaron a discutir entre sí sobre quiénes ocuparían las distintas posiciones de poder bajo Jesús cuando se convirtiera en rey. Jesús les dijo: "Los Romanos son orgullosos y les gusta mostrar su poder a los judíos. Pero no deberías actuar como ellos. En cambio, si quieres ser grande, debes servir a los demás; el que quiera ser el primero debe ser esclavo de todos. Porque ni siquiera el Hijo del Hombre vino para ser servido, sino para servir y dar su vida por muchos".

Entonces Jesús dijo que uno de ellos lo traicionaría. Sus discípulos quedaron atónitos y se miraron unos a otros. Jesús le reveló a Juan que era Judas Iscariote. Después de que Judas tomó el pan, salió de la habitación; había hecho un trato con los fariseos para arrestar a Jesús esa noche cuando la multitud no estuviera presente. Ofreció identificar a Jesús a cambio de 30 piezas de plata.

Después de que Judas se fue, Jesús les dijo a los demás: "No estaré con ustedes por mucho tiempo. El Hijo del Hombre será entregado para que lo maten. No pueden venir a donde yo voy. Pero si me aman, guarden mis mandamientos. Y ahora les doy un mandamiento nuevo: Ámense unos a otros como yo los he amado. Es por su amor mutuo que la gente sabrá que son mis discípulos. El amor más grande es sacrificar tu vida para salvar a otros".

Pedro dijo que moriría por Jesús, pero Jesús respondió: "¿En serio? ¡Esta noche me negarás tres veces antes de que cante el gallo! Todos me dejaran, pero después que yo haya resucitado, iré delante de ustedes a Galilea". Les dijo a los discípulos que no se preocuparan, y luego Jesús dijo:

> Yo soy el camino y la verdad y la vida. Nadie viene al Padre sino por mí. Si me conocen, conocen a mi Padre. Hablo las palabras del Padre que vive en mí y que está haciendo la obra. Los que creen en mí harán más cosas de las que han visto porque Dios les dará el Espíritu para ayudarlos y estar con ustedes para siempre. El mundo no entenderá nada de este Espíritu invisible, pero estará en ustedes. Porque yo vivo, tú vivirás. El Espíritu les enseñará todas las cosas y les recordará lo que les he dicho.

> Yo soy la vid verdadera. Ustedes son las ramas y Dios es el jardinero que corta las ramas muertas y poda las ramas vivas para que produzcan más fruto. Ninguna rama puede dar fruto por sí sola; debe permanecer conectado a la vid. No pueden dar fruto a menos que estén cerca de mí; lejos de mí no pueden hacer nada. Den frutos para mostrar que son mis discípulos. Si el mundo los odia, recuerden que a mí me odió primero. En este mundo tendrán problemas, pero no se desanimen: ¡Yo he vencido al mundo!

El Huerto de Getsemaní

Salieron del aposento alto y caminaron hacia el huerto de Getsemaní, justo fuera de los muros de la ciudad. Jesús estaba muy triste y les dijo a sus discípulos que oraran por él mientras se adentraba en el huerto con Pedro, Santiago y Juan. Les dijo a los tres hombres que se quedaran con él y estuvieran atentos a cualquier cosa que pudiera surgir en su camino. Luego se adentró aún más en el jardín y oró a Dios: "Si es posible, quita de mí esta copa. Pero haz lo que debes, no lo que yo quiero".

Regresó con sus tres discípulos varias veces, y cada vez estaban durmiendo, sin mirar. Le dijo a Pedro: "¿No puedes velar una hora? El espíritu está dispuesto, pero la carne es débil." Cada vez Jesús se retiraba al jardín para estar solo y oraba: "Padre, si no me puedes quitar esta copa, yo lo haré". Finalmente, volvió con todos los discípulos y les dijo: "Ha llegado la hora. Ahora seré entregado a los pecadores. ¡Aquí viene mi traidor!

Judas Iscariote se presentó con servidores de los líderes religiosos y muchos hombres armados con armas porque esperaban pelea. Judas le dio un beso a Jesús, un saludo tradicional que también era una señal para los demás sobre a quién debían arrestar. Los hombres armados agarraron a Jesús, quien preguntó a los líderes: "¿Estoy liderando una rebelión y ustedes tienen que traer espadas y garrotes para capturarme? Me senté en el templo enseñando y no me arrestaron. Pero esto sucede para que se cumplan los escritos de los profetas". Al ver que Jesús había sido arrestado, todos los discípulos se marcharon rápida y silenciosamente.

El juicio de Jesús

Era media noche y Jesús fue llevado a encontrarse con todos los miembros del Sanedrín. Buscaban pruebas sólidas en su contra para justificar su ejecución, pero no encontraron ninguna. Finalmente, dos miembros dijeron que Jesús afirmó que destruiría el Templo de Dios y lo reconstruiría en tres días. El sumo sacerdote le preguntó a Jesús si esto era cierto, pero Jesús guardó silencio. El sumo sacerdote le preguntó: "Dinos si eres el Mesías, el Hijo de Dios".

Jesús respondió: "Sí, es verdad". Cuando el sumo sacerdote oyó esto, se rasgó las vestiduras y dijo: "¡Has faltado el respeto a Dios! ¡No necesitamos más testigos! ¿Qué debemos hacer?" Los demás respondieron: "¡Debe morir!". Le escupieron en la cara y le golpearon con los puños. Otros lo abofeteaban y se burlaban de él, diciendo: "¡Profetízanos! ¿Quién te golpeó?"

Judas vio lo que estaba pasando y se dio cuenta de que había hecho algo malo. Llevó las 30 monedas de plata al sumo sacerdote y le dijo que había traicionado a un hombre inocente. Cuando los líderes religiosos dijeron que no les importaba, Judas arrojó las monedas al templo, abandonó el lugar y se suicidó.

Después de que arrestaron a Jesús, Pedro siguió al grupo a distancia. Salió al patio y se sentó con los guardias para ver qué pasaba. Una sirvienta se le acercó y le dijo que había estado con Jesús. Pero él lo negó y se fue a otra zona a esperar. Otra sirvienta lo vio y les dijo a los demás que lo había visto con Jesús. Pero Pedro volvió a negarlo y juró que no sabía quién era Jesús.

Poco después, otros le dijeron a Pedro: "Estoy seguro de que eres uno de ellos; Tu acento galileo te delata". Pedro maldijo en voz alta y juró que no conocía al hombre. En ese momento cantó un gallo y Pedro recordó que Jesús dijo que negaría a Jesús tres veces antes de que cantara el gallo. Se fue y lloró amargamente.

El juicio Romano

Temprano el viernes por la mañana, los líderes religiosos hicieron planes para que los Romanos ejecutaran a Jesús. Lo ataron y lo enviaron a Poncio Pilato, el gobernador. Pilato le preguntó a Jesús: "¿Eres tú el rey de los judíos?" Jesús dijo que lo era. Pilato le preguntó: "¿No oyes los cargos que se te acusan?" Cuando Jesús no respondió, Pilato se asombró de que no se defendiera.

Era costumbre en el festival que el gobernador liberara a un prisionero elegido por la multitud. En aquella época, un conocido revolucionario llamado Barrabás estaba prisionero porque había matado a alguien durante un levantamiento contra los Romanos. Cuando la multitud se reunió, Pilato les preguntó quién querían que fuera liberado, si a Barrabás o a Jesús. Los líderes religiosos persuadieron a la multitud para que pidiera a Barrabás y ejecutara a Jesús. La multitud respondió: "Barrabás". Entonces Pilato preguntó: "¿Qué debo hacer con Jesús, el llamado Mesías?" La multitud respondió: "¡Crucifícale!"

Pilato se preguntó por qué la multitud quería que Jesús muriera. Le dijo a la multitud que deberían ocuparse de él ellos mismos, pero los líderes religiosos dijeron que no se les permitía ejecutar a un hombre. Los líderes judíos insistieron: "Según nuestra Ley, debe morir porque decía que era Hijo de Dios".

Pilato quería liberarlo porque no había hecho nada malo. Pero los líderes judíos dijeron que, si dejaba ir a Jesús, no era amigo de César; solo había un rey, y cualquiera que afirmara ser rey se oponía al César. También dijeron que Jesús no seguía su religión (sus enseñanzas hacían que la gente creyera cosas diferentes) y que no lo habrían enviado a Pilato si no hubiera hecho algo malo.

Pilato hizo que Herodes, el líder del gobierno de Galilea que estaba de visita en Jerusalén, interrogara a Jesús. Pero Herodes no pudo encontrar nada malo en Jesús y lo envió de regreso a Pilato, quien volvió a preguntar a la multitud por qué debía ser crucificado, ya que era un hombre inocente.

Pero la multitud seguía gritando: "Crucifícale". Querían a Jesús muerto. Pilato se disgustó y se lavó las manos delante de la multitud, y dijo que Jesús era inocente y que su muerte era responsabilidad de ellos. El pueblo respondió: "Nosotros y nuestros hijos somos responsables de su muerte".

Tortura y ejecución

Pilato liberó a Barrabás y los soldados Romanos se llevaron a Jesús y lo torturaron. Lo desnudaron y le pusieron un manto, luego le hicieron una corona hecha de largas espinas y se la pusieron en la cabeza. Se burlaron de él, lo escupieron, lo golpearon y lo golpearon en la cabeza una y otra vez hasta que las espinas se le clavaron profundamente. Luego lo azotaron tan brutalmente que, cuando terminaron, apenas era reconocible.

Después de los azotes, Jesús tuvo que cargar una gran cruz por las calles. La cruz pronto resultó demasiado pesada para él, por lo que otro hombre la cargó el resto del camino. Los siguió una gran cantidad de personas, incluidas mujeres que lloraban a gritos por él. En una colina fuera de las murallas de la ciudad, Jesús fue clavado en la cruz, junto con dos delincuentes comunes. Le clavaron enormes clavos en las manos y los pies, y la cruz fue levantada en alto para que todos la vieran. El cartel sobre su cabeza decía: "JESÚS DE NAZARET, EL REY DE LOS JUDÍOS" y estaba escrito en tres idiomas.

Era alrededor del mediodía cuando las tres cruces fueron colocadas en el suelo. Mientras estaba colgado en la cruz, a Jesús le ofrecieron una forma de vino para aliviar el dolor, pero él se negó a beberlo. Algunos de los que pasaban por allí lo insultaron, diciendo: "Dijiste que destruirías el templo y lo construirías en tres días: ¡sálvate a ti mismo! ¡Baja de la cruz si eres Hijo de Dios! Los líderes religiosos también subieron al cerro y lo insultaron. Dijeron a la multitud: "¡A otros salvó, pero a sí mismo no puede salvarse! Si él es el rey de Israel, que descienda de la cruz, y entonces creeremos en él".

Uno de los dos hombres crucificados junto a él también insultó a Jesús, diciendo: "¡Si tú eres el Mesías, sálvate a ti mismo y a nosotros!". Pero el otro criminal dijo: "Estamos recibiendo lo que merecemos, pero este hombre no hizo nada malo". Luego le pidió a Jesús que se acordara de él. Jesús respondió: "En verdad, hoy estarás conmigo en el paraíso".

Muchos de sus seguidores observaron desde la distancia. Algunos esperaban que ocurriera un milagro. Su madre, su tía, María Magdalena y Juan estaban al pie de la cruz, y mientras Jesús colgaba allí, le dijo a Juan que cuidara de su madre. También le dijo a Dios: "Perdónalos a todos, porque no saben lo que hacen".

La muerte y el entierro de Jesús

El cielo se oscureció durante tres horas después de que las cruces fueron enterradas. A las tres de la tarde, Jesús gritó a gran voz: "Dios mío, ¿por qué me has dejado?" Poco después dijo: "Consumado es. Dios, te doy mi espíritu". En ese momento, la tierra tembló, los cielos se estremecieron y la gruesa cortina del Templo se rasgó en dos, de arriba a abajo. Los que estaban mirando lloraron y abandonaron la escena en triste agonía.

Se estaba haciendo tarde el viernes y los líderes judíos no querían que dejaran cadáveres colgados durante el sábado. Le pidieron a Pilato que les rompiera las piernas a los hombres para que murieran más rápido y pudieran bajar los cuerpos. Los soldados quebraron las piernas de los dos hombres que estaban al lado de Jesús, pero como vieron que Jesús estaba muerto, no le quebraron las piernas. En cambio, un soldado apuñaló el costado de Jesús y salió una mezcla de sangre y agua (esto demostró que estaba muerto). Estas cosas cumplieron dos predicciones sobre el Mesías: "Ninguno de sus huesos será quebrantado" y "Mirarán al que traspasaron".

Al acercarse la noche, un hombre rico obtuvo permiso para llevar el cuerpo de Jesús a una nueva tumba que había sido excavada en una pared de roca en un jardín. Nicodemo, el hombre que visitó a Jesús por la noche, fue a ayudar a sepultar a Jesús. Después de que el cuerpo de Jesús fue envuelto con especias en tiras de lino limpio, se colocó una gran piedra frente a la entrada de la tumba mientras varias mujeres se sentaban y observaban: querían ver dónde estaba enterrado Jesús para poder regresar después del sábado y ungir al cuerpo. Tenía 33 años cuando murió y su ministerio había durado sólo tres años.

El sábado, los líderes religiosos le dijeron a Pilato que Jesús había dicho que resucitaría de entre los muertos al tercer día (domingo). Para asegurarse de que los discípulos no robaran el cuerpo y dijeran que estaba vivo nuevamente, pidieron guardias Romanos para proteger la tumba. Pilato ordenó a los guardias que se aseguraran de que nadie perturbara la tumba y se puso un sello en la piedra para asegurarse de que permaneciera cerrada. Luego, los soldados custodiaron la tumba.

Jesús regresa de la tumba

Poco antes del amanecer del domingo, varias mujeres fueron al sepulcro para cubrir el cuerpo de Jesús con especias. Habían pasado unas 40 horas desde que murió el viernes por la tarde y se preguntaban cómo quitarían la piedra. Pero cuando llegaron al sepulcro, la piedra había sido quitada. Entraron al sepulcro, pero no encontraron el cuerpo. Esa mañana se produjo un terremoto y los ángeles retiraron la piedra. Los guardias tuvieron tanto miedo que huyeron.

Las mujeres estaban confundidas cuando dos hombres vestidos con ropas brillantes llegaron a la tumba. Preguntaron por qué buscaban a los muertos y dijeron que ¡Jesús estaba vivo! A los discípulos se les había dicho: "El Hijo del Hombre debe ser entregado en manos de los pecadores, ser crucificado y resucitar al tercer día".

María Magdalena fue una de las mujeres que fue al sepulcro y comenzó a llorar porque no podía encontrar a Jesús. Un hombre se acercó a ella y le preguntó por qué lloraba. Ella le dijo al hombre: "Se han llevado a mi Señor y no sé dónde está". Ella pensó que era el jardinero y le pidió que le dijera dónde estaba el cuerpo.

Entonces Jesús dijo: "María", y ella reconoció su voz. Ella lloró y lo abrazó apasionadamente y supo que no era un fantasma. Él le dijo que les dijera a los discípulos que él estaba vivo y que los vería en Galilea.

Las mujeres corrieron a decirles a los discípulos que Jesús estaba vivo, y María dijo que lo había visto. Los discípulos no les creyeron; lo que dijeron no tenía ningún sentido. Pedro y Juan corrieron al sepulcro y vieron lienzos tirados solos en el sepulcro, pero no vieron a Jesús, por lo que no supieron lo que pasó.

Varios guardias Romanos contaron a los líderes religiosos que los ángeles habían quitado la piedra. A los soldados se les dio un gran soborno y se les dijo que dijeran que los discípulos robaron el cuerpo por la noche mientras dormían. Dado que los soldados Romanos serían ejecutados si los encontraban durmiendo en el trabajo o si dejaban su puesto, los líderes judíos prometieron sobornar al gobernador si descubría lo sucedido. Los soldados tomaron el dinero y contaron la mentira a otros, y la historia de cómo los discípulos robaron el cuerpo se difundió entre los judíos.

Avistamientos de Jesús

Más tarde ese día, dos hombres que habían seguido a Jesús caminaban hacia Emaús, un pueblo cerca de Jerusalén. Jesús comenzó a caminar con ellos, pero los hombres no lo reconocieron. Jesús les preguntó de qué estaban hablando. Ellos miraron hacia abajo con tristeza y se sorprendieron de que Jesús no supiera lo que había sucedido en Jerusalén estos últimos días. Dijeron que los principales sacerdotes y otros líderes judíos hicieron que los Romanos mataran a Jesús de Nazaret. Todos esperaban que él fuera quien salvaría a Israel de los Romanos. Entonces oyeron que unas mujeres fueron al sepulcro, pero no encontraron su cuerpo y que los ángeles dijeron que Jesús estaba vivo. Algunos de sus amigos también encontraron la tumba vacía.

Jesús les dijo: "¿Recuerdan que los profetas dijeron que el Mesías tenía que sufrir estas cosas antes de entrar en su gloria?" Luego explicó lo que todas las Escrituras decían acerca de él mismo, desde Moisés.

Al entrar en Emaús, los dos hombres le instaron a quedarse con ellos porque estaba oscureciendo. Jesús fue con ellos, y cuando vieron sus manos heridas mientras partía el pan, se dieron cuenta de quién era.

Pero de repente ya no estaba. Se dijeron unos a otros lo inspirados que se sintieron mientras caminaban con él mientras les explicaba las Escrituras. Inmediatamente regresaron a Jerusalén y encontraron a 10 discípulos (Tomás no estaba allí) y dijeron que habían visto a Jesús.

Jesús se aparece a los discípulos

Esa noche, los discípulos se escondieron juntos porque temían que los líderes judíos también los persiguieran. De repente, Jesús se paró entre ellos y dijo: "¡La paz esté con ustedes!". Estaban sorprendidos y asustados y pensaron que era un fantasma. Pero Jesús les dijo: "No teman ni duden. Miren mis manos y mis pies. ¡Soy yo! Tóquenme: un fantasma no tiene carne ni huesos".

Luego pidió algo de comer y comió un poco de pescado delante de ellos para demostrar que no era un fantasma. Les explicó las Escrituras para que vieran cómo todo tenía sentido ahora que sabían que él era el Mesías, el Cristo:

> Esto es lo que les dije antes: Es necesario que se cumpla todo lo que está escrito acerca de mí en las Escrituras. El Mesías tuvo que sufrir y morir, pero resucitaría de entre los muertos al tercer día para que todo el mundo sepa que aquellos que se arrepientan tendrán sus pecados perdonados.

Tomás no estaba allí y los otros discípulos le dijeron más tarde que habían visto a Jesús. Pero Tomás no les creyó y dijo que no les creería hasta que vea las marcas de los clavos en sus manos, ponga mi dedo donde estaban los clavos y ponga mi mano en su costado. Una semana después, todos los discípulos estaban en una casa con las puertas cerradas, pero Jesús vino y se paró con ellos. Se volvió hacia Tomás y le dijo: "Pon tu dedo aquí; mira mis manos. Extiende tu mano y métela en mi costado. Deja de dudar y cree".

Tomás exclamó: "¡Señor mío y Dios mío!" Jesús respondió: "Tú crees porque me has visto; Bienaventurados los que no me han visto y todavía creen".

Jesús aparece en Galilea

Jesús se apareció nuevamente a algunos de sus discípulos cerca del mar de Galilea. Habían estado pescando en el barco de Pedro por la noche, pero no pescaron nada. Esa mañana temprano, Jesús se paró en la orilla, pero los discípulos no lo reconocieron. Llamó y preguntó si habían pescado algo. Dijeron que no habían pescado nada. Jesús les dijo que tiraran la red al otro lado de la barca, y cuando lo hicieron, capturaron tantos peces que no pudieron recoger la red.

¡Juan le dijo a Pedro que era Jesús! Pedro saltó al agua y bajó a tierra. Los otros discípulos llegaron a la orilla en la barca, remolcando la red llena de peces. Jesús les dijo a todos que desayunaran con él y trajeran algo de su pescado. Sabían que era Jesús, y era la tercera vez que Jesús se apareció a sus discípulos después de haber resucitado.

Cuando terminaron de comer, Jesús le preguntó a Pedro tres veces si lo amaba, y Pedro dijo que sí tres veces. Cada vez, Jesús le dijo a Pedro: "Cuida mis ovejas". Pedro había negado a Jesús tres veces, pero ahora había confirmado su lealtad a Jesús tres veces.

Palabras y acciones finales

Cuando los 11 discípulos estaban en Galilea, Jesús les dijo: "A mí se me ha dado toda potestad en el cielo y en la tierra. Siempre estaré con ustedes, incluso cuando mueran. Ahora vayan y hagan discípulos en todas las naciones. Bautícenlos y enséñenles a obedecer todo lo que les dije".

Cuando todos fueron a una zona cercana a Jerusalén, los discípulos le preguntaron a Jesús cuándo iba a restaurar el reino de Israel. Él les dijo: "No les toca a ustedes saber la hora ni el día, sólo Dios lo sabe. Pero recibirán poder, cuando venga sobre ustedes el Espíritu Santo, y serán mis testigos en Jerusalén, luego en Judea, en Samaria, y luego en todo el mundo".

Entonces Jesús levantó las manos, las bendijo y subió a las nubes. Lo observaron atentamente mientras se levantaba, y de repente dos hombres vestidos con ropas blancas se pararon junto a ellos. Les dijeron a los discípulos que Jesús fue al cielo y regresará del mismo modo. Los discípulos lo adoraron y regresaron a Jerusalén llenos de alegría. Habían pasado 40 días desde que Jesús resucitó de entre los muertos y más de 500 personas lo habían visto.

Cuando los discípulos regresaron a Jerusalén, se les unieron otras personas, entre ellas la madre de Jesús y varias mujeres. Puesto que Judas Iscariote estaba muerto, Pedro dijo que debía ser reemplazado. Se nominaron dos hombres que habían estado con Jesús durante todo el tiempo de su ministerio, desde la época de Juan el Bautista hasta cuando Jesús ascendió al cielo. Al final, Matías fue elegido para reemplazar a Judas Iscariote. Había alrededor de 120 personas que habían seguido fielmente a Jesús y creído lo que él había dicho. Se mantuvieron comprometidos a seguir su ejemplo y a ser testigos de lo sucedido y de lo que Jesús había dicho. (El Mapa 8 en el Apéndice E muestra dónde tuvieron lugar eventos clave en el ministerio de Jesús).

* * * * *

Jesús no había venido como rey de la manera habitual. Su entrada en un pequeño pueblo en un granero presagiaba su humildad. Rara vez usaba sus inusuales poderes excepto para ayudar a los demás. Fue modelo de servicio al hablar principalmente a los judíos: eran el pueblo de Dios, pero no habían entendido lo que Dios había tratado de enseñarles. Las acciones y enseñanzas de Jesús también mostraron la aceptación de Dios de todas las personas, no sólo de los judíos. Su enfoque en aquellos que de alguna manera estaban en desventaja mostró un conjunto diferente de prioridades, y su negativa a ajustarse a las reglas religiosas demostró una nueva forma de pensar. El amor era la máxima prioridad, no obedecer reglas. Amar a los demás sana los cuerpos, las mentes y los espíritus de las personas, y el amor sacrificado trae paz al corazón humano y armonía en nuestras relaciones mutuas. Además, el sacrificio de la sangre de Jesús era similar a la sangre de un cordero perfecto que fue sacrificado por los israelitas durante la Pascua en Egipto: salva a todas las personas de la muerte.

12
EL PUEBLO RESPONDE
Y SE DISPERSA

Los que siguieron a Jesús esperaron en Jerusalén el momento en que recibirían el espíritu de Dios. Durante la fiesta judía de Shavuot (50 días después de la muerte de Jesús), estaban reunidos en una casa grande cuando de repente un fuerte viento llenó la casa y algo parecido a lenguas de fuego los tocó a cada uno de ellos. Todos quedaron llenos del Espíritu Santo y cada uno empezó a hablar otro idioma. (La llegada del Espíritu llegó a ser conocida como "Pentecostés"). Cuando entraron en la ciudad, los judíos que estaban allí desde Asia, África y Europa se asombraron al escuchar a los galileos hablar su idioma y hablar de las maravillas de Dios. Los que no conocían los otros idiomas se burlaban de ellos porque pensaban que estaban borrachos.

Pedro lidera a medida que crece el movimiento

Pedro se dirigió a la multitud mientras los otros 11 discípulos estaban a su lado. Les dijo a los judíos que aquellos que hablaban lo que a ellos les parecía balbuceo no estaban borrachos. En cambio, estaban cumpliendo las predicciones hechas por el profeta Joel de que Dios derramaría el Espíritu sobre todas las personas, tanto jóvenes como ancianos, hombres y mujeres. Pedro les dijo a sus compañeros israelitas:

> Jesús de Nazaret fue un hombre aprobado por Dios para realizar diversos milagros y señales. Era el plan de Dios

que fuera entregado por hombres malvados para que lo mataran, pero Dios lo resucitó de entre los muertos porque era imposible que la muerte lo retuviera. Dios le prometió al rey David que subiría al trono uno de sus descendientes quien sería el Mesías que murió y volvió a la vida. Todos fuimos testigos de que volvió a la vida. Estén seguros de esto: Dios hizo a Jesús, a quien ustedes crucificaron, Señor y Mesías.

El pueblo se sintió convencido y le preguntó a Pedro qué debían hacer. Pedro respondió: "Arrepiéntanse y sean bautizados en el nombre de Jesucristo para perdón de sus pecados. Entonces ustedes también recibirán el don del Espíritu Santo. Sálvense de esta generación corrupta". Alrededor de 3.000 personas fueron bautizadas y se unieron al movimiento ese día.

Más tarde, Pedro y Juan fueron al templo, y un hombre cojo de nacimiento pedía dinero todos los días en la puerta del templo. Pedro le dijo: "No tengo plata ni oro, pero lo que tengo te lo doy. En el nombre de Jesucristo de Nazaret, camina". Tomó la mano del hombre y lo ayudó a levantarse, y los pies y tobillos del hombre se fortalecieron instantáneamente. Comenzó a caminar y pronto saltó mientras alababa a Dios.

La gente reconoció al hombre como el que pedía limosna a la puerta del templo, y quedaron asombrados al ver que caminaba y saltaba. Pedro les dijo: "No es nuestro poder ni nuestra piedad lo que hizo caminar a este hombre. El Dios de Abraham, de Isaac y de Jacob ha glorificado a Jesús, pero ustedes lo repudiaron, aunque Pilato quería dejarlo ir. Mataron a Jesús, pero Dios lo resucitó de entre los muertos. Lo vimos vivo. Fue la fe de este hombre en Jesús lo que le hizo capaz de caminar".

Pedro explicó cómo los profetas predijeron que el Mesías sufriría y les recordó que Moisés dijo que el Señor levantará un profeta y el pueblo debe escuchar lo que dice; aquellos que no lo hagan quedarán completamente excluidos. Los líderes religiosos llegaron, arrestaron a Pedro y a Juan y los encarcelaron. Los líderes estaban enojados porque los dos discípulos estaban enseñando que Jesús había resucitado y muchos de los que escucharon su mensaje les creyeron. Para entonces, el número de creyentes había aumentado a unos 5.000 hombres (sin incluir a las mujeres).

Al día siguiente, todos los líderes religiosos se reunieron en Jerusalén e hicieron traer ante ellos a Pedro y a Juan. Les preguntaron quién les daba autoridad para decir lo que decían. Pedro fue lleno del Espíritu Santo y les dijo:

> Si nos llaman aquí por un acto de bondad mostrado a un hombre que no podía caminar y nos preguntan cómo fue sanado, que sepan esto el pueblo de Israel: Es por el nombre de Jesucristo de Nazaret, quien ustedes crucificaron, pero Dios resucitó de entre los muertos, que este hombre fue sanado. Jesús es quien el salmista dijo que sería "la piedra que desecharon los constructores, la cual se ha convertido en piedra angular". La salvación no se encuentra en nadie más, porque no hay otro nombre en este mundo que pueda salvar a una persona.

Cuando los líderes religiosos se dieron cuenta de que Pedro y Juan eran discípulos de Jesús, se retiraron y se reunieron en privado para discutir qué hacer a continuación. Todos en Jerusalén oyeron cómo Pedro sanó al hombre. Los líderes decidieron ordenar a Pedro y a Juan que dejaran de enseñar acerca de Jesús, pero los dos dijeron que no podían dejar de enseñar acerca de lo que habían visto y oído.

Después de que Pedro y Juan fueron liberados, les contaron a los otros discípulos lo que dijeron los líderes religiosos y cómo Pedro fue lleno del Espíritu cuando habló. Todos quedaron asombrados y alabaron a Dios; se dieron cuenta de que las amenazas contra ellos les daban la oportunidad de hablar con valentía porque el Espíritu hablaría por ellos y podrían ocurrir milagros al usar el nombre de Jesús.

Los apóstoles realizaron muchos milagros entre el pueblo. Los creyentes comenzaron a reunirse en público todos los días en el patio del templo. La gente de Jerusalén y de los pueblos cercanos acudía a Pedro para que los sanara. Los que creyeron continuaron aprendiendo, tuvieron comunión unos con otros y se ganaron una buena reputación. Todos los creyentes compartían todo lo que tenían y nadie reclamaba sus posesiones como propias; no había personas necesitadas entre ellos. Cuando los que poseían un terreno o una casa los vendían, traían el dinero y lo repartían entre quien lo necesitaba. Una pareja vendió una propiedad, pero mintió sobre el precio de venta para poder quedarse con parte del dinero. Ambos murieron inmediatamente cuando Pedro los confrontó con su mentira. El miedo se extendió entre la gente que escuchó esto.

Los creyentes son perseguidos

Los líderes religiosos fueron amenazados por este nuevo movimiento religioso, por lo que arrestaron a los apóstoles y los encarcelaron. Pero durante la noche, un ángel abrió las puertas de la cárcel. Los apóstoles escaparon y por la mañana regresaron al templo para seguir enseñando. Cuando los líderes religiosos se reunieron para hablar con los apóstoles, los carceleros dijeron que se habían ido y a los líderes les dijeron que estaban de regreso en el Templo. El capitán de la guardia del templo llevó a los apóstoles ante el Sanedrín para ser interrogados. El sumo sacerdote dijo: "Te dimos órdenes estrictas de no enseñar acerca de Jesús, pero continúas con tu enseñanza y dices que somos responsables de su muerte".

Pedro respondió: "Debemos obedecer a Dios, no a las órdenes humanas. Mataste a Jesús, pero el Dios de nuestros antepasados lo resució de entre los muertos. Dios lo exaltó como Príncipe y Salvador para que pudiera llevar a Israel al arrepentimiento y perdonar nuestros pecados".

Los hombres del Sanedrín estaban furiosos y querían matarlos a todos. Pero un fariseo muy respetado llamado Gamaliel le dijo al Sanedrín que tuvieran cuidado al tratar con Pedro y los demás. Él dijo: "Conocen a dos hombres que tenían seguidores y lideraban rebeliones, y fueron asesinados. Sus seguidores se dispersaron y no pasó nada. Te aconsejo que dejes en paz a estos hombres. Si sus acciones no son de Dios, fracasarán. Pero si son de Dios, no podrán detenerlos porque estarán luchando contra Dios".

Su discurso persuadió a los demás a liberar a los apóstoles después de que los azotaron y les ordenaron que no hablaran de Jesús. Los apóstoles se fueron y se regocijaron porque eran dignos de sufrir vergüenza en el nombre de Jesús. Continuaron enseñando y diciendo que Jesús era el Mesías.

El número de discípulos en Jerusalén aumentó rápidamente y un gran número de sacerdotes también comenzaron a seguir a Jesús. A medida que aumentaba el número de discípulos, los que hablaban griego se quejaban de que se pasaba por alto a sus viudas cuando se distribuía la comida. Los 12 apóstoles decidieron que se debía seleccionar personas para dirigir la obra de ayudar a los judíos de habla griega que necesitaban ayuda. Se seleccionaron siete "diáconos" para supervisar la ayuda.

Esteban es asesinado

Esteban era uno de los diáconos y realizó muchos milagros, pero los líderes de las sinagogas que servían a los judíos en África y Asia Menor (la actual Turquía) estaban enojados con él. Lo acusaron de hablar irrespetuosamente acerca de Moisés y Dios. Cuando llevaron a Esteban al Sanedrín y le preguntaron si las acusaciones eran ciertas, pronunció un largo discurso sobre toda la historia de los israelitas, desde cuando Dios eligió a Abraham para mudarse a Canaán. Esto demostró que era un hombre religioso educado y sincero, pero luego acusó a los líderes religiosos de ser como sus antepasados que rechazaron a Dios: fueron responsables de matar a Jesús, el Mesías.

Los del Sanedrín estaban furiosos. Esteban se llenó del Espíritu y miró al cielo y dijo: "Puedo ver el cielo y Jesús está de pie junto a Dios". Cuando los líderes religiosos oyeron esto, se taparon los oídos, le gritaron y lo arrastraron fuera de la ciudad, donde lo apedrearon hasta matarlo. Mientras Esteban era apedreado, le pidió a Dios que no se lo reprochara. Fue el primer seguidor de Jesús en ser martirizado.

Los creyentes se dispersan mientras Saúl lidera la persecución

Inmediatamente después del asesinato de Esteban, muchos seguidores de Jesús en Jerusalén fueron amenazados de muerte. Pensaron que Jesús regresaría muy pronto para establecer el reino de Dios en la tierra y ser un rey político que los liberaría de la opresión romana, por eso todos se habían quedado cerca de Jerusalén. Pero la amenaza de muerte llevó a la mayoría de ellos a Judea y Samaria.

Uno de los hombres que vio cómo apedreaban a Esteban y aprobó su ejecución fue un hombre llamado Saulo. Su padre era fariseo y estaba bien formado en todas las escrituras judías. Interrumpió reuniones de creyentes yendo de casa en casa y encarcelándolos. Saulo amenazó a todos los discípulos del "Camino", término dado a este nuevo movimiento religioso porque Jesús dijo que él era "el camino, la verdad y la vida". Saulo recibió cartas del sumo sacerdote para llevarlas a las sinagogas de Damasco, de modo que, si encontraba allí a alguien que perteneciera al Camino, pudiera traerlo de regreso a Jerusalén como prisionero suyo.

Saulo tomó las cartas y emprendió su viaje a Damasco. Cuando estaba cerca de la ciudad, una luz del cielo de repente brilló a su alrededor. Cayó al suelo y oyó una voz que decía: "Saulo, ¿por qué me persigues?" Preguntó quién era y la voz dijo: "Yo soy Jesús, a quien ustedes persiguen. Levántate y ve a Damasco, donde te dirán lo que debes hacer". Los hombres que viajaban con Saulo también oyeron la voz. Saulo se levantó pero ya estaba ciego.

Los hombres de Saulo lo llevaron a Damasco, donde un discípulo llamado Ananías tuvo una visión en la que Dios le dijo que fuera a una casa en el camino principal y preguntara por un hombre llamado Saulo que estaba orando. Saulo tuvo una visión en la que Ananías vendría a restaurarle la vista. Ananías estaba asustado: había oído cómo Saulo estaba persiguiendo a los seguidores de Jesús y arrestándolos. Pero Dios le dijo a Ananías: "Ve, he elegido a este hombre para que sea mi instrumento para predicar acerca de mí a los gentiles y al pueblo de Israel".

Cuando Ananías encontró a Saulo, le puso las manos encima y le dijo: "Jesús me dijo que viniera para que vuelvas a ver y seas lleno del Espíritu Santo". Al instante cayó de los ojos de Saulo algo como escamas, y pudo ver. Se levantó y fue bautizado; sus ojos fueron abiertos literal y figurativamente. Ya no estaba ciego y ahora comprendió que Jesús era el Mesías.

Saulo pasó varios días con los discípulos del Camino en Damasco. Comenzó a predicar en las sinagogas que Jesús era el Mesías y el Hijo de Dios. La gente sabía cómo amenazaba a los creyentes en Jerusalén y se asombraban de lo que decía. Se volvió cada vez más poderoso e impresionó a los judíos que vivían en Damasco y les demostró que Jesús era el Mesías.

Pero finalmente los judíos de Damasco conspiraron para matar a Saulo. Lo estaban buscando en la puerta de la ciudad para poder atraparlo, pero Saúl se enteró del complot y escapó de la ciudad cuando sus seguidores lo bajaron en una canasta por una abertura en el muro por la noche. Saulo fue al desierto y pasó tres años desarrollando su comprensión de las Escrituras con lo que aprendió acerca de Jesús.

Saulo finalmente regresó a Jerusalén y trató de unirse a los discípulos, pero todos temían que fuera un truco para capturarlos a todos a la vez. Pero Bernabé les contó a los apóstoles lo que le sucedió a Saulo en el camino a Damasco y que ahora estaba predicando valientemente acerca de Jesús. Luego Saulo se quedó con ellos y se movía libremente por Jerusalén, hablando con valentía y debatiendo sobre judíos helenistas. Estos judíos intentaron matarlo, pero él escapó y se fue a su casa en Tarso (cerca de Adana en Turquía).

Felipe

Los discípulos predicaban acerca de Jesús dondequiera que iban. Felipe fue a una ciudad de Samaria y la gente lo escuchó atentamente y lo observó realizar milagros. Liberó a la gente de sus espíritus malignos y sanó a muchos que no podían caminar. Los apóstoles en Jerusalén escucharon que los samaritanos habían aceptado la palabra de Dios. Pedro y Juan fueron al área, pusieron sus manos sobre los nuevos creyentes y recibieron el Espíritu. Pedro y Juan también predicaron en muchas otras aldeas samaritanas.

Un ángel le dijo a Felipe que hiciera un viaje hacia el sur por el camino del desierto que va de Jerusalén a Gaza. En el camino se encontró con un funcionario etíope que estaba a cargo del dinero de su reina. El hombre había estado en Jerusalén para adorar y se dirigía a su casa. Mientras el hombre estaba sentado en su carro leyendo el libro escrito por Isaías, Felipe vio lo que el hombre estaba leyendo y le preguntó si lo entendía. El hombre no entendió e invitó a Felipe a subir a su carro para explicarle la parte que decía: "Como oveja fue llevado al matadero, como cordero calla ante el que lo trasquila. Fue humillado y privado de justicia, y su vida fue arrancada de la tierra".

Felipe explicó que el pasaje trataba sobre Jesús y quién era Jesús y cómo cumplió las predicciones de Isaías. Mientras viajaban, llegaron a un lugar de agua y el hombre detuvo su carro e hizo que Felipe lo bautizara. Luego, Felipe fue a predicar las buenas nuevas a muchos pueblos, todo el camino hacia el norte, hasta la ciudad portuaria de Cesárea en Fenicia.

Pedro continúa liderando

Mientras tanto, Pedro viajaba por la región predicando y realizando milagros. Sanó a un paralítico que vivía en Lida y que llevaba ocho años en cama. En Jope había muerto una discípula llamada Dorcas que siempre hacía el bien y ayudaba a los pobres. Pedro se enteró y fue a Jope y conoció a muchas personas que habían sido ayudadas por Dorcas. Entró en la habitación donde ella estaba muerta y oró. Luego él le dijo que se levantara, ella abrió los ojos y se puso de pie con la ayuda de Pedro. Luego la presentó a las personas que lloraban su muerte. La noticia de lo sucedido se extendió rápidamente por el pueblo y muchas más personas creyeron en Jesús.

El encuentro con Cornelio

Un centurión Romano llamado Cornelio vivía en Cesárea con su familia temerosa de Dios. Oraba a Dios con regularidad y daba generosamente a los necesitados. Un día, un ángel le dijo que enviara algunos hombres a Jope y trajera de regreso a un hombre llamado Pedro que se alojaba en casa de un hombre llamado Simón. Cornelio envió varios hombres a Jope para encontrar a Pedro.

Mientras los hombres viajaban a Jope, Pedro estaba orando y cayó en trance. Vio un gran lienzo cuadrado que descendía del cielo y en él había toda clase de animales, incluidos reptiles y aves, que se consideraban inmundos. Una voz le dijo que los matara y comiera. Pero Pedro nunca había comido nada que le habían enseñado a no comer, así que mientras todavía estaba en trance, dijo que no lo comería. Pero la voz volvió a hablar: "No llames inmundo a lo que Dios dice que es limpio". Esto sucedió tres veces y luego la sábana volvió al cielo.

Pedro salió de su trance y estaba pensando en lo que significaba la visión cuando llegaron los hombres enviados por Cornelio. El Espíritu le dijo a Pedro que los hombres que lo buscaban habían sido enviados por Dios. Pedro preguntó a los hombres por qué habían venido. Le contaron a Pedro sobre Cornelio, quién era y su reputación, y cómo un ángel le dijo que los enviara a buscar a Pedro. Al día siguiente, todos regresaron a Cesárea con algunos creyentes de Jope.

Cuando llegaron a Cesárea, Cornelio los recibió en su casa, que estaba llena de gentiles. Pedro les dijo: "Ustedes saben que nuestra ley dice que los judíos no deben asociarse con un gentil ni visitarlo. Pero Dios me mostró que no debía llamar impuro a nadie. Así que cuando me llamaste, acudí sin dudas. ¿Por qué me pediste que viniera?

Cornelio le dijo que un ángel le dijo que debía hacer que Pedro los visitara, pero no sabía por qué. Entonces Pedro se dio cuenta de por qué había tenido la visión de la comida prohibida. Les dijo a todos: "Ahora entiendo que Dios no muestra favoritismo, sino que acepta a aquellos de cada nación que hacen lo correcto. El mensaje de Dios fue enviado primero a los israelitas, pero Jesús nos enseñó a decirles a *todos* que él es el que Dios nombró juez de todos los pueblos".

Mientras Pedro todavía hablaba estas palabras, el Espíritu Santo descendió sobre todos los que estaban en la sala. Los judíos que estaban con Pedro estaban asombrados de que el Espíritu Santo había venido también a los gentiles y hablaban en lenguas extranjeras alabando a Dios. Entonces Pedro los bautizó a todos.

Los creyentes de toda Judea escucharon que los gentiles habían recibido las buenas nuevas acerca de Dios. Cuando Pedro fue a Jerusalén, los creyentes judíos lo criticaron por ir a la casa de un gentil. Pero Pedro les contó toda la historia y cómo vino el Espíritu Santo a los gentiles. Él dijo: "Si Dios dio a los gentiles creyentes el mismo Espíritu que nosotros recibimos, ¿quién era yo para interponerme en el camino de Dios?" Después de escuchar esto, no pusieron más objeciones y alabaron a Dios cuando se dieron cuenta de que incluso los gentiles podían salvarse pidiendo el perdón de sus pecados.

Los cristianos y la iglesia en Antioquía

Los que fueron dispersados por la persecución viajaron hasta Fenicia, Chipre y Antioquía, difundiendo la palabra sólo a los judíos. Algunos de los que fueron a Antioquía hablaron a los griegos acerca de Jesús, y muchos creyeron. Cuando la noticia de esto llegó a Jerusalén, Bernabé fue a Antioquía para ver lo que estaba pasando, luego fue a Tarso a buscar a Saulo y ambos regresaron a Antioquía. Bernabé y Saulo pasaron un año con los seguidores en Antioquía, y los discípulos de allí fueron llamados "cristianos" por primera vez. Colectivamente, se les conocía como la "iglesia", término que Jesús usó cuando le dijo a Pedro que él guiaría a sus seguidores.

El mapa 9 del Apéndice E muestra adónde fueron los primeros apóstoles después de abandonar Jerusalén.

13
LOS VIAJES DE PABLO A ASIA MENOR Y EUROPA

Las buenas nuevas acerca de Jesús se difundieron por toda la región. A la gente se le decía que Jesús había muerto como sacrificio permanente por los pecados del mundo entero, por lo que cualquiera podía tener una relación con un Dios vivo si así lo deseaba. Una señal de que habían cambiado sus costumbres y eran cristianos fue que fueron bautizados y obedecieron las enseñanzas de Jesús, incluido el amor a los demás. Pedro dirigió la enseñanza de los judíos en Judea y Samaria. Un cristiano llamado Marcos se hizo cercano a Pedro y escribió un libro breve sobre la vida de Jesús. Al mismo tiempo, la iglesia con muchos gentiles en Antioquía creció bajo el liderazgo de Saulo, Bernabé y otros. A Saulo se le conocía como Pablo, su nombre griego.

Pablo y Bernabé hacen su primer viaje

Unos veinte años después de que Jesús había ido al cielo y después de pasar cinco años en Antioquía, Pablo y Bernabé hicieron un viaje para predicar en otro lugar. Navegaron a Chipre, donde Pablo predicó en las sinagogas, y luego navegaron a Perge (en el sur de Turquía) y fueron 100 millas al norte, a Antioquía de Pisidia, en la región de Galacia en Asia Menor.

Pablo habló en la sinagoga el sábado sobre la historia de los israelitas y las profecías sobre el Mesías. Luego habló de Jesús, que era descendiente de David y del Mesías. Aunque Jesús había sido asesinado, resucitó y vivió muchos días y mucha gente lo vio. Lo que Dios prometió a sus antepasados judíos se había cumplido: a través de Jesús, los pecados eran perdonados, y a través de él todos los que lo seguían eran liberados de todo pecado; esto no podía hacerse bajo las leyes de Moisés.

La gente invitó a Pablo y Bernabé a regresar la semana siguiente, y casi toda la ciudad se reunió para escucharlos hablar. Cuando los líderes judíos vieron la multitud, sintieron celos y comenzaron a debatir con Pablo y a abusar de él verbalmente. Pablo y Bernabé respondieron con valentía: "Primero teníamos que hablar con los judíos. Pero como ustedes desechan lo que hemos dicho y no quieren la vida eterna, ahora nos dirigimos a los gentiles. El Señor nos dijo que somos luz para los gentiles para que el mundo entero pueda salvarse". Los gentiles se alegraron al oír esto y se sintieron honrados por Dios, y muchos de ellos se hicieron cristianos. Pero los líderes judíos hicieron arreglos para expulsar a Pablo y Bernabé de la zona. Al salir, los dos hombres se sacudieron el polvo de los pies y se dirigieron a Iconio, una ciudad a 120 kilómetros de distancia.

Predicando en Iconio, Listra y Derbe

En Iconio, Pablo y Bernabé fueron los primeros en la sinagoga y hablaron tan bien que muchos judíos y griegos creyeron su mensaje. Pero nuevamente, muchos líderes judíos se negaron a creer y lograron que otros los acusaran de decir mentiras. Pablo y Bernabé pasaron muchos días predicando con valentía y realizando milagros, y el pueblo de Iconio estaba dividido: algunos se pusieron del lado de los judíos mientras que otros creyeron a los dos apóstoles. Se desarrolló un complot para matar a los dos hombres, pero se enteraron y escaparon a Listra, una ciudad a 20 millas de distancia.

Pablo y Bernabé predicaron en Listra y sus alrededores. Se encontraron con un hombre que nunca había caminado, y Pablo lo miró y dijo que su fe lo había sanado. Cuando le dijo al hombre que se levantara, el hombre saltó y comenzó a caminar.

Cuando la multitud vio lo que hizo Pablo, gritaron: "¡Los dioses han venido a nosotros en forma humana!" Pensaron que eran los dioses Romanos, Zeus y Hermes, pero los dos apóstoles gritaron: "Somos humanos como tú. Tenemos buenas noticias: apártense de estos dioses inútiles y sigan al Dios vivo, el que hizo los cielos y la tierra, el mar y todo lo que hay en ellos. Hasta ahora, Dios ha dejado que cada uno siga su propio camino, pero aun así Dios mostró bondad dándote lluvia y cosechas para que tuvieras comida".

Los judíos que habían venido de Antioquía de Pisidia y de Iconio pusieron a la multitud en su contra. Apedrearon a Pablo y lo arrastraron fuera de la ciudad, pensando que estaba muerto. Pero algunos discípulos lo llevaron de regreso a la ciudad. Al día siguiente, él y Bernabé partieron hacia Derbe, donde predicaron y mucha gente creyó. Luego regresaron por el mismo camino por donde habían venido, fortaleciendo a los creyentes en cada ciudad.

Regresaron a Perge y navegaron de regreso a Antioquía y contaron a los creyentes lo que había sucedido en su viaje. Estuvieron ausentes dos años y los cristianos se alegraron de saber que más gentiles ahora eran discípulos.

El Concilio de Jerusalén

Algunos discípulos vinieron de Judea para visitar la iglesia en Antioquía. Habían estado enseñando que los nuevos creyentes gentiles tenían que ser circuncidados para ser salvos, pero Pablo y Bernabé no estuvieron de acuerdo. Llevaron a un pequeño grupo de líderes de la iglesia de Antioquía a visitar a los líderes cristianos en Jerusalén para discutir el tema. Todos escucharon mientras Pablo y Bernabé hablaban de lo que Dios había hecho entre los gentiles que encontraron en Asia Menor.

Algunos creyentes que eran fariseos decían que los gentiles tenían que ser circuncidados como lo exigían las leyes de Moisés. Todos discutieron el tema y finalmente Pedro habló.

Hermanos, ustedes saben que Dios ha permitido que los gentiles se conviertan en discípulos y tengan el Espíritu Santo. Dios conoce nuestro corazón y no ve diferencia entre judíos y gentiles: todos podemos tener fe. ¿Por qué deberíamos agregar más reglas para los gentiles que nos costó seguir? ¡No! Creemos que es a través del don gratuito de Jesús que somos salvos. No importa cómo nos veamos; es el corazón lo que importa.

Luego, Santiago habló de cómo el profeta Amós escribió que "todos los pueblos del mundo buscarán al Señor, incluso los gentiles". Dijo que no debería ser difícil para los gentiles volverse a Dios y que se les debería decir que no comieran alimentos ofrecidos a los ídolos, que no cometieran inmoralidad sexual, que no comieran carne de animales estrangulados y que no bebieran sangre. Todos estuvieron de acuerdo y escribieron una carta que enumeraba sólo estos requisitos para los creyentes gentiles en otras regiones.

Pablo hace otro viaje

Unos meses más tarde, Pablo y Bernabé regresaron a las ciudades que habían visitado en Asia Menor para ver cómo les iba a las iglesias. Decidieron separarse: Bernabé tomó a un hombre llamado Marcos que lo acompañó en su primer viaje, y Pablo tomó a Silas, un hombre que conoció en la reunión en Jerusalén.

Pablo y Silas viajaron de regreso a Asia Menor y fortalecieron las iglesias a medida que avanzaban. Pablo conoció a un discípulo llamado Timoteo, cuya madre era una creyente judía pero su padre era griego. Los creyentes de las ciudades lo respetaban y Pablo lo invitó a acompañarlos en el viaje. Timoteo fue circuncidado para complacer a los judíos de la zona, y mientras viajaban de ciudad en ciudad, le contaron a la iglesia lo que los líderes cristianos en Jerusalén decían acerca de las pocas cosas que debían hacer. El número de creyentes creció y su fe se profundizó.

Viajar a macedonia

Mientras los hombres viajaban, el Espíritu Santo les hizo evitar algunas áreas y terminaron en la ciudad portuaria de Troas y conocieron a un creyente gentil llamado Lucas, un médico, que comenzó a viajar con ellos. Pablo tuvo una visión de un hombre de Macedonia (norte de Grecia) que le rogaba que viniera a ayudarlo. Pablo creía que este era un llamado de Dios para ir a Macedonia, por lo que los cuatro hombres (Pablo, Silas, Timoteo y Lucas) viajaron a Filipos, una colonia romana y una ciudad importante de Macedonia.

En Filipos conocieron a una mujer llamada Lidia, propietaria de un gran negocio. Ella adoró a Dios y respondió al mensaje de Pablo sobre Jesús. Cuando ella y los miembros de su casa se bautizaron, pasó más tiempo con los hombres aprendiendo sobre su nueva fe.

Pablo y Silas en la prisión de Filipos

Los hombres conocieron a una esclava que trabajaba como adivina. Ella siguió a los hombres durante muchos días, gritando: "Estos hombres son siervos del Dios supremo y están diciendo a la gente cómo ser salvos". Pablo se enojó tanto con ella que le dijo a su espíritu: "¡En el nombre de Jesucristo, te ordeno que salgas de ella!" Un espíritu maligno la abandonó inmediatamente.

Cuando sus dueños se dieron cuenta de que la mujer ya no podía adivinar el futuro y ganar dinero para ellos, arrastraron a Pablo y Silas ante los funcionarios Romanos locales y dijeron que los hombres eran judíos y causaban problemas en la ciudad. Los funcionarios ordenaron que desnudaran y golpearan a los dos hombres, y luego los encadenaron en una celda en lo más profundo de la cárcel.

Pablo y Silas estaban orando y cantando himnos a Dios durante la noche y otros prisioneros los escuchaban. De repente un violento terremoto sacudió la cárcel. Todas las puertas de la cárcel se abrieron y las cadenas de todos se soltaron. El carcelero se despertó y cuando vio las puertas de la cárcel abiertas, se iba a suicidar porque pensaba que los presos se habían escapado.

Pero Pablo gritó: "¡No te hagas daño! ¡Todos todavía estamos aquí! El carcelero entró corriendo y preguntó a Pablo y a Silas que debía hacer para ser salvo. Le dijeron: "Cree en el Señor Jesús, y tú y tu casa serán salvos". El carcelero lavó las heridas de los golpes, los llevó a su casa y les dio de comer. Él y toda su casa fueron bautizados y se llenaron de gozo porque finalmente todos creyeron en el Dios verdadero.

Cuando Pablo y Silas fueron liberados por la mañana, Pablo les dijo a los funcionarios que los habían golpeado públicamente y encarcelados sin juicio, a pesar de que eran ciudadanos Romanos. Cuando los funcionarios oyeron que Pablo y Silas eran ciudadanos Romanos, se alarmaron y les pidieron que abandonaran la ciudad. Pero Pablo y Silas fueron a la casa de Lidia donde otros cristianos los animaron.

En Tesalónica y Berea

Luego, Pablo, Silas y Timoteo viajaron unas 95 millas hasta Tesalónica (Lucas se quedó en Filipos). Fueron a la sinagoga tres sábados seguidos para explicar las Escrituras y demostrar que Jesús era el Mesías. Algunos de los judíos y muchos griegos religiosos se hicieron cristianos, incluidas muchas mujeres prominentes.

Pero otros judíos estaban celosos. Como en otras ciudades, hicieron que hombres malvados del mercado formaran una turba y los buscaran. La turba fue a la casa donde se habían alojado los apóstoles, pero cuando no estaban allí, la turba arrastró al dueño y a otros creyentes fuera de la casa y dijeron que negaban que César fuera el rey. Cuando los funcionarios de la ciudad oyeron esto, todos aquellos cristianos fueron encarcelados. (Fueron liberados después de pagar una multa).

Para mantener a los apóstoles a salvo, los creyentes llevaron a los tres hombres a la cercana ciudad de Berea, donde había otra sinagoga. Los judíos de Berea eran más inteligentes que la gente de Tesalónica y escuchaban atentamente a Pablo. Examinaron cuidadosamente las Escrituras para ver si lo que Pablo decía era cierto y, como resultado, muchos de ellos creyeron, al igual que muchos griegos y varias mujeres griegas prominentes.

Pero algunos judíos de Tesalónica oyeron que Pablo predicaba en Berea, y vinieron y pusieron a la multitud contra él. Los creyentes rápidamente escoltaron a Pablo a Atenas, mientras que Silas y Timoteo permanecieron en Berea hasta que pudieran reunirse con él de manera segura.

En Atenas

Pablo se disgustó al ver que Atenas estaba llena de ídolos. Predicó en la sinagoga y en el mercado, y algunos filósofos griegos comenzaron a debatir sobre él. Pablo fue invitado a explicar sus enseñanzas en una reunión de hombres educados que se reunieron para discutir nuevas ideas. Pablo les dijo: "¡Veo que son muy religiosos! Caminé y vi muchos objetos de adoración e incluso encontré un altar que decía: 'A UN DIOS DESCONOCIDO'. Voy a hablarles de este Dios".

Pablo razonó con los filósofos griegos, pero no mencionó las escrituras hebreas. Dijo que el Dios que hizo el mundo y todo lo que hay en él no necesitaba vivir en templos construidos por manos humanas y no se parecía a las imágenes hechas por humanos. Si bien Dios había pasado por alto esta falta de inteligencia, ahora ordenó a todos que se arrepintieran, porque algún día Dios juzgaría a todas las personas. Pablo estaba tratando de convencer a sus oyentes de que había un solo Dios verdadero, no muchos dioses. Cuando mencionó la resurrección de los muertos, algunos en la audiencia se burlaron, pero otros querían escuchar más. Como resultado, algunos de los que lo oyeron se hicieron creyentes.

En Corinto

Pablo salió de Atenas y se dirigió a Corinto, una dura ciudad portuaria a 30 millas de distancia que tenía fama de comportarse inmoralmente. Conoció a un judío llamado Aquila que había venido de Italia con su esposa Priscila porque a todos los judíos de Roma se les había ordenado que se fueran. Pablo trabajó y se quedó con la pareja que hacía tiendas de campaña. (Luego, Pablo ganó dinero para pagar sus gastos de viaje haciendo y vendiendo tiendas de campaña). Pablo hablaba en la sinagoga cada sábado y trataba de persuadir a judíos y griegos a convertirse en cristianos. Cuando Silas y Timoteo llegaron de Macedonia, Pablo pasó todo su tiempo predicando y varios líderes judíos se convirtieron en creyentes. Pablo permaneció en Corinto durante 18 meses mientras enseñaba a los nuevos creyentes. El líder Romano en la ciudad permitió que Pablo predicara, por lo que se mantuvo a salvo de los judíos que querían silenciarlo.

Pablo y los demás finalmente cruzaron el mar Egeo hasta Éfeso, una ciudad importante en la costa occidental de Asia Menor, y Priscila y Aquila fueron con ellos. Pablo pasó un tiempo en la sinagoga hablando con los judíos, quienes querían que él se quedara allí. Dijo que tenía que ir a Jerusalén para contarles a los líderes cristianos sobre su viaje, pero que regresaría. Aquila y Priscila se quedaron en Éfeso y continuaron enseñando acerca de Jesús. El mapa 10 en el Apéndice E muestra adónde viajó Pablo durante este período.

Pablo hace un tercer viaje

Más tarde, Pablo hizo un tercer viaje por Asia Menor y visitó muchas ciudades para fortalecer a los discípulos. Estaba especialmente ansioso por regresar a Éfeso.

Éfeso

Priscila y Aquila se alegraron de ver a Pablo cuando regresó. Le hablaron de un erudito judío llamado Apolos de Egipto que había estado predicando y enseñando acerca de Jesús de una manera muy precisa, pero se fue a predicar y enseñar a Grecia.

Pablo hizo lo que siempre hacía: predicó primero a los judíos en la sinagoga. Habló con valentía durante tres meses, pero algunos judíos hablaron en contra del Camino. Entonces Pablo y algunos de sus discípulos pasaron dos años dando conferencias en un salón público. Todos los que vivían en la región escucharon el mensaje de Pablo acerca de Dios, y él hizo milagros extraordinarios usando el poder de Dios. Los pañuelos y delantales que lo tocaban eran llevados a los enfermos y eran sanados.

Algunos judíos intentaron expulsar a los espíritus malignos usando el nombre de Jesús, como si el nombre fuera una palabra mágica. Dirían: "En el nombre del Jesús que Pablo predica, te ordeno que salgas". Un día, un espíritu maligno respondió a su orden y dijo: "Conozco a Jesús y a Pablo, pero ¿quién eres tú?" El hombre que tenía el espíritu maligno saltó sobre ellos y los golpeó a todos tan fuerte que salieron corriendo de la casa desnudos y sangrando. Cuando la gente de Éfeso se enteró de esto, todos tuvieron miedo. Muchos de los nuevos creyentes confesaron abiertamente sus pecados, y algunos que practicaban la magia quemaron juntos en público sus raros y valiosos pergaminos. Como resultado, la palabra acerca de Jesús siguió difundiéndose.

Las enseñanzas de Pablo también provocaron una crisis económica en Éfeso. Un platero que hacía altares de plata de Artemisa (la diosa local de la fertilidad) generó muchos negocios para los artesanos de la ciudad. Reunió a los trabajadores y les dijo que las enseñanzas de Pablo habían arruinado gran parte de sus negocios. Pablo dijo que los dioses hechos por manos humanas no eran dioses en absoluto, y esto puso en peligro sus oficios y desacreditó a Artemisa. Los artesanos se enfurecieron y comenzaron a gritar: "¡Grande es Artemisa de los Efesios!"

Pronto toda la ciudad estaba alborotada y la gente se apresuró a entrar en un enorme teatro al aire libre. Pablo quería hablar a la multitud, pero los discípulos y algunos funcionarios del gobierno que lo conocían no lo dejaron entrar al teatro; la multitud estaba fuera de control. Miles de personas gritaban, aunque la mayoría ni siquiera sabía por qué estaban allí. Los judíos de la multitud empujaron a uno de sus líderes hacia el frente, quien hizo un gesto de silencio para poder hablar con la multitud. Pero cuando la multitud se dio cuenta de que era judío, todos corearon en voz alta al unísono durante casi dos horas: "¡Grande es Artemisa de los Efesios!"

Finalmente, el secretario de la ciudad calmó a la multitud recordándoles que todos sabían que Éfeso era el guardián del templo de Artemisa y que su imagen había caído del cielo. (Un meteorito que parecía una mujer había caído allí.) El empleado dijo a la gente que sus problemas serían escuchados en los tribunales y que podrían presentar cargos. Después de esto, todos se fueron a casa o regresaron al trabajo.

Otros viajes

Después de que terminó el alboroto, Pablo fue a Macedonia y Grecia con algunos discípulos. Animó a la gente a lo largo del camino y permaneció en la región durante muchos meses. En algunas ciudades los judíos conspiraron contra él, por lo que tuvo que cambiar de planes. Lo acompañaron creyentes de muchas ciudades donde había predicado y enseñado. Quería regresar a Jerusalén y no sabía qué pasaría cuando regresara. Pero estaba convencido de que la cárcel y las dificultades estaban en su futuro. Sabía que nunca volvería a ver a muchos de sus seguidores. Les advirtió que se avecinaban tiempos difíciles y falsos maestros, por lo que debían perseverar y ser sabios.

El tercer viaje de Pablo duró más de tres años. En lugar de ser una carga para quienes visitaba, se mantenía a sí mismo mientras enseñaba y debatía. Fue modelo de humildad y servicio confiados, tal como lo había hecho Jesús. (El mapa 11 del Apéndice E muestra adónde fue Pablo en su tercer viaje y adónde fue el siguiente, como se describe en el siguiente capítulo.)

14
PABLO VA A ROMA

Cuando Pablo y los demás regresaron a Palestina, un profeta dijo que Pablo sería arrestado y entregado a los gentiles en Jerusalén. Todos intentaron convencerlo de que no fuera allí, pero él dijo que estaba dispuesto a ser arrestado e incluso morir si hacía avanzar el movimiento cristiano. El grupo fue a Jerusalén y les contó a los líderes de la iglesia lo sucedido durante sus viajes. Los líderes alabaron a Dios y le dijeron a Pablo que miles de judíos ahora eran creyentes en Palestina.

Pablo es arrestado en Jerusalén

Algunos judíos de Asia reconocieron a Pablo en el templo y lo acusaron de falsa enseñanza y de permitir la entrada de griegos al templo. Esto no era cierto, pero la gente lo sacó a rastras del templo y trató de matarlo. Al comandante Romano le llegó la noticia de que la ciudad estaba en disturbios y envió soldados para calmar a la multitud. El comandante arrestó a Pablo y le preguntó qué había hecho. La gente entre la multitud gritó diferentes acusaciones y el comandante no pudo determinar la verdad. Pablo fue enviado al cuartel y la turba enfurecida lo siguió.

Pablo obtuvo permiso para hablar a la multitud y comenzó a hablar en arameo, calmando a la multitud. Pablo explicó sus antecedentes y cómo estudió las Escrituras mientras vivía en Jerusalén. Era tan devoto de Dios como cualquiera y había perseguido a quienes seguían el Camino. Les contó lo que le había sucedido en su viaje a Damasco, pero cuando dijo que había sido enviado a los gentiles, la gente comenzó a gritarle de nuevo y le dijeron que debía matarlo.

Cuando parecía que iba a comenzar otro motín, el comandante envió a Pablo al cuartel para que lo azotaran y lo interrogaran. Mientras los soldados se disponían a azotarlo, Pablo le preguntó al centurión: "¿Te es lícito azotar a un ciudadano Romano que aún no ha sido declarado culpable?" El soldado rápidamente le dijo al comandante que Pablo era ciudadano Romano, y después de que Pablo le explicó al comandante cómo había nacido ciudadano Romano, el comandante detuvo el interrogatorio.

El comandante ordenó que el Sanedrín se reuniera para que Pablo pudiera explicarse. Pablo sabía que algunos de ellos eran saduceos y otros fariseos, y comenzó diciendo: "Soy fariseo y descendiente de fariseos. Estoy ante vosotros hoy por mi esperanza en la resurrección de los muertos".

Estalló una disputa entre los saduceos, que creían que no hay resurrección ni ángeles ni espíritus, y los fariseos que creían en estas cosas. Algunos fariseos dijeron que Pablo no había hecho nada malo y la disputa comenzó a tornarse violenta. El comandante ordenó a Pablo que regresara al cuartel, y esa noche, el Espíritu le dijo a Pablo: "¡No te preocupes! Has hablado de mí aquí en Jerusalén y lo volverás a hacer en Roma".

Mientras tanto, muchos judíos conspiraron para matar a Pablo. Hicieron que los líderes religiosos le pidieran al comandante que trajera a Pablo ante el Sanedrín nuevamente, y planearon matarlo en su camino a la reunión. Pero Pablo se enteró del complot y se lo contó al comandante, quien envió a Pablo al gobernador Félix en Cesárea junto con 470 soldados para protegerlo.

Los juicios en Cesárea

Los judíos fueron a Cesárea para continuar con sus acusaciones contra Pablo. Un líder dijo que Pablo era un alborotador que creó disturbios entre los judíos de todo el mundo, y otros hicieron acusaciones diferentes.

Después de que los judíos expusieron sus argumentos, Pablo expuso los suyos. Le dijo a Félix que adoraba en Jerusalén pero que no discutía con nadie en el Templo ni causaba ningún problema en la ciudad. No había pruebas que respaldaran las acusaciones de los judíos, pero admitió ser un seguidor del Camino. Félix conoció el Camino y dio por finalizado el trámite. Félix dejó a Pablo en prisión durante dos años, y a Pablo se le dieron algunas libertades y sus amigos cuidaron de él.

Festo reemplazó a Félix e inmediatamente escuchó las acusaciones contra Pablo. Los judíos querían que Pablo fuera trasladado de regreso a Jerusalén para poder matarlo en el camino, pero Festo quería que Pablo fuera juzgado en Cesárea. Cuando Festo escuchó el caso, los judíos no pudieron probar ninguna de sus acusaciones. Pablo volvió a defenderse y Festo le preguntó si quería ser juzgado en Jerusalén. Cuando Pablo apeló para que el César juzgara su caso, Festo le dijo a Pablo que su juicio sería en Roma. Festo dijo que Pablo era inocente y obtuvo la confirmación de sus superiores de que Pablo debería ser juzgado en Roma.

Pablo navega hacia Roma

Un barco zarpó hacia Roma con Pablo, otros prisioneros y algunos otros pasajeros, incluido Lucas. Un comandante Romano estaba a cargo y el barco seguía una ruta que evitaba los fuertes vientos. Cuando los vientos del norte del otoño se hicieron más fuertes, Pablo advirtió al comandante que era peligroso seguir adelante; si así fuera, el barco podría quedar destruido. Pero el comandante no escuchó y siguió el consejo del dueño y capitán del barco.

Siguieron adelante e intentaron en vano llegar a puerto seguro. Los fuertes vientos empujaron el barco lejos de la orilla, y éste se vio forzado por los vientos y las olas. La tripulación enrolló cuerdas alrededor del barco para mantenerlo unido y arrojó la carga por la borda para aligerarla. La tormenta continuó y la tripulación arrojó por la borda todo el equipo de navegación del barco. La tormenta continuó durante muchos días y el barco quedó a la deriva sin poder hacer nada. Todos estaban mareados y no podían comer, y todos pensaron que iban a morir.

Pablo se dirigió a todos en el barco y les dijo que no perdieran la esperanza. Dijo que un ángel de su Dios le dijo que debía ser juzgado ante el César y que todos a bordo vivirían, aunque el barco sería destruido cuando encallara en una isla.

El barco navegó hacia el oeste a través del Mar Mediterráneo, y una noche, cuando los marineros midieron la profundidad del mar, se estaba volviendo cada vez menos profundo. Para evitar que el barco se estrellara contra las rocas que no podían ver, echaron todas las anclas y rezaron para que amaneciera. Algunos marineros intentaron escapar en el bote salvavidas, pero Pablo le dijo al comandante que todos tenían que quedarse en el barco para que todos vivieran. El comandante lo escuchó y los soldados cortaron las cuerdas que sujetaban el bote salvavidas, que se alejó a la deriva.

Justo antes del amanecer, Pablo les dijo a todos que comieran. La tormenta había durado 14 días y todos estaban débiles y necesitaban fuerzas para sobrevivir. Pablo tomó un poco de pan, dio gracias a Dios delante de todos y empezó a comer. Los demás empezaron a comer y comieron todo lo que quisieron.

Aterrizando en Malta

Cuando amaneció, vieron una bahía con una playa de arena y decidieron llevar el barco hasta la playa. Soltaron las anclas y el barco se dirigió hacia la playa. Pero chocó contra un banco de arena y encalló, y el fuerte oleaje lo rompió en pedazos.

Los soldados planearon matar a los prisioneros para evitar que se alejaran nadando y escaparan, pero el comandante quería perdonarle la vida a Pablo, por lo que ninguno de los prisioneros resultó herido. Todos los que sabían nadar llegaron a tierra, y el resto se agarró a lo que flotaba hasta llegar a tierra. Todos llegaron sanos y salvos a la orilla.

Estaban en la isla de Malta y los isleños los ayudaron con una amabilidad inusual. Paul fue mordido por una serpiente venenosa mientras hacía fuego en la playa. Los isleños vieron la serpiente colgando de su mano y dijeron que era un asesino; dijeron que, aunque escapó del mar, la diosa Justicia no le permitiría vivir. Pero Pablo arrojó la serpiente al fuego y no sufrió daño. La gente esperaba que se hinchara o muriera rápidamente, pero después de mucho tiempo, nada le sucedió a Pablo. Entonces cambiaron de opinión y dijeron que era un dios.

El principal funcionario de Malta vivía cerca de la playa y acogió a los náufragos en su casa. Su padre estaba enfermo, y cuando Pablo puso sus manos sobre él y oró, el padre fue sanado. Otros en la isla se enteraron de lo sucedido, y los demás enfermos de la isla vinieron y fueron curados por Pablo.

Pablo predica en Roma bajo vigilancia

Pablo y los demás permanecieron en Malta durante tres meses y luego viajaron a Roma, donde a Pablo se le permitió vivir solo con un soldado que lo custodiaba. Se reunió con los líderes judíos locales y les explicó por qué estaba allí; Ninguno de ellos sabía lo que pasó en Jerusalén. Querían saber qué tenía que decir sobre el Camino; la mayoría de la gente hablaba en contra.

Pablo se reunió con un mayor número de judíos que vivían en Roma y habló sobre el reino de Dios. Al conectarlo con la Ley de Moisés y lo que dijeron los profetas, trató de persuadirlos de que Jesús era el Mesías. Algunos estaban convencidos, pero otros no lo creían. Pablo terminó citando al profeta Isaías:

> Di al pueblo: "Siguen oyendo y viendo, pero no entenderán, porque su corazón se ha vuelto insensible. Tus oídos apenas pueden oír y has cerrado los ojos". Por tanto, la salvación de Dios ha sido enviada a los gentiles; ¡ellos escucharán!

Pablo permaneció en una casa alquilada durante dos años y recibió muchas visitas. Había escrito una larga carta a los creyentes en Roma cuando estaba en Grecia, por lo que los creyentes en Roma sabían de él. Enseñó con valentía acerca del reino de Dios y de Jesús el Mesías, y nadie lo detuvo. Envió cartas de aliento a los creyentes y a sus líderes en muchas ciudades que visitó en Asia Menor, Macedonia y Grecia. Las cartas proporcionaron más instrucciones a las iglesias.

(Estas cartas se analizan en el próximo capítulo. Pablo fue liberado del arresto domiciliario en el año 62 d. C. y continuó predicando y enseñando en el sur de Europa y en la isla de Creta. Fue encarcelado nuevamente en Roma y asesinado a causa de su fe durante el reinado. de Nerón alrededor del año 68 d. C. Su ministerio duró unos 32 años).

15
CARTAS DE ALIENTO E INSTRUCCIÓN DE PABLO

Durante su ministerio, Pablo escribió cartas a las iglesias de Roma, Corinto, Tesalónica, Filipos, Éfeso, Colosas y las ciudades de la región de Galacia (Antioquía de Pisidia, Iconio, Listra y Derbe). También escribió a líderes cristianos en varias ciudades: Timoteo en Éfeso, Tito en Creta y Filemón en Colosas. Es posible que Pablo haya sido el autor o coautor de un largo documento escrito para judíos ("hebreos" se resume en el siguiente capítulo).

Las cartas de aquella época estaban escritas en hojas de papiro de aproximadamente el tamaño del papel que se utiliza ahora. La mayoría de las veces, sólo se utilizaba una hoja para cada carta. Cuando se escribían letras más largas, se conectaban entre sí y se enrollaban formando un pergamino. A veces los escribas escribían las cartas tal como las dictaba el autor. Es posible que las cartas largas hayan tenido varios escribas.

Las cartas solían comenzar con un saludo que incluía el nombre de la persona que enviaba la carta y quién iba a recibirla. Las cartas solían terminar con una despedida y en ocasiones tenían un mensaje para personas conocidas del autor. No se incluyeron fechas y las cartas se entregaron utilizando viajeros conocidos por el remitente y el destinatario.

En las cartas de Pablo generalmente se incluían ideas religiosas, enseñanzas sobre una vida correcta y consejos prácticos. Describió e interpretó las enseñanzas y acciones de Jesús, y analizó lo que significaban para los creyentes.

También animó a quienes recibieron las cartas porque estaban sufriendo a causa de su nueva fe. Pablo escribió algunas cartas muy largas que incluían muchos conceptos sobre Dios mientras aclaraba y defendía la fe usando argumentos lógicos.

Este capítulo resume los mensajes principales de las cartas de Pablo en el orden en que probablemente fueron escritas.

Carta a los Gálatas

La primera carta que Pablo escribió fue a las iglesias de Galacia y discutió las controversias sobre cómo se identifica a un cristiano. Los gentiles se habían unido a la iglesia y algunos judíos creían que debían obedecer todas las reglas del judaísmo, incluidas las restricciones alimentarias, la circuncisión, los sacrificios y la separación de otros que no compartían sus creencias. En el pasado, los gentiles que se convertían al judaísmo debían seguir las leyes de Moisés. Sin embargo, la mayoría de los gentiles que se estaban convirtiendo al cristianismo no querían convertirse al judaísmo además de seguir a Jesús, y muchos de ellos estaban abandonando la iglesia. ¿Qué hacía que una persona fuera cristiana? ¿Se trataba de seguir únicamente los caminos de Jesús, o debían seguir también las reglas del judaísmo?

Pablo usó sus propias experiencias para decir que seguir a Jesús era suficiente. La gracia de Dios no le llegó porque era un fariseo devoto que obedecía las leyes judías. Pablo sabía que Pedro se había reunido con gentiles y que los alimentos "inmundos" eran comestibles para los cristianos. Pedro aprobó que Pablo predicara a los gentiles y solo enfatizó la necesidad de continuar ayudando a los pobres. Pablo aceptó a todos porque Dios ya no mostraba favoritismo hacia los judíos. Aquí está su argumento básico:

> Una persona no es justificada (declarada justa y aceptable a Dios) por seguir la ley, sino por la fe en Jesús, el Cristo. Nadie se vuelve bueno obedeciendo la ley. Morí a la ley para poder vivir para Dios; soy una persona nueva

porque él vive en mí. Vivo por la fe en el Hijo de Dios que me amó y se entregó por mí. Si la justicia puede ganarse mediante la ley, Cristo murió por nada. La ley nos mantuvo unidos hasta que Jesús vino y nos salvó; tener la ley demostró que no siempre podíamos cumplir la ley. Entonces somos libres de ser esclavos de la ley. No hay judío ni gentil, ni esclavo ni libre, ni hombre ni mujer; todos son uno en el Señor. Los no judíos fueron adoptados en la familia de Dios; aquellos que creen y obedecen a Jesús son parte de los antepasados de Abraham y heredan las promesas de Dios. Los puntos de vista rígidos del evangelio pervierten la verdad y son una forma de esclavitud.

Pablo recordó a sus lectores que no hicieran caso omiso de la ley ni pensaran que la anarquía era aceptable. La libertad de la ley no significaba libertad para pecar. Más bien, los cristianos deben dejarse guiar por el espíritu de Dios y no cometer actos inmorales. Los cristianos deben amarse y servirse unos a otros con humildad, porque toda la ley se resume en un mandamiento: "Ama a tu prójimo como a ti mismo".

Manténgase alejado de actos tales como la inmoralidad sexual, la brujería y la adoración de ídolos, el odio, las discusiones, los celos, la ira extrema, el egoísmo y la embriaguez. El fruto del Espíritu es amor, gozo, paz, paciencia, bondad, fidelidad, mansedumbre y dominio propio. No hay ninguna ley contra estas cosas. Si alguien queda atrapado en un pecado, corríjanlo con gentileza. Ayúdense a llevar las cargas de los demás, no comparen sus actos con los de los demás y no se cansen de hacer el bien a todas las personas, especialmente a los demás creyentes.

Cartas a los Tesalonicenses

Pablo escribió dos cartas a la iglesia en Tesalónica, la gran capital de Macedonia; Silas y Timoteo fueron coautores. Ambas cartas fueron escritas poco después de que los tres hombres fueran expulsados de Corinto. La iglesia de Tesalónica estaba compuesta principalmente por gentiles, y

Timoteo les había dicho a Pablo y Silas lo bien que le estaba yendo a la iglesia.

En la primera carta, los autores felicitaron a los creyentes por su conversión y su creciente fe. La fidelidad de la iglesia mientras era perseguida fue un buen ejemplo para las iglesias de otras ciudades. Tres palabras importantes –fe, amor y esperanza– aparecen al principio de la carta. La fe produjo buenas obras, el amor condujo a actos de bondad y misericordia, y la esperanza generó determinación y resistencia en tiempos difíciles. Los autores también exhortaron a los creyentes con instrucciones prácticas sobre cómo vivir.

> Evita la inmoralidad sexual y compórtate santa y honorablemente. Lleva una vida tranquila y ocúpate de tus propios asuntos. Trabaja para que tu vida se gane el respeto de los de afuera y para que no tengas que depender de los demás. Vivamos en paz unos con otros. Dígale a la gente que no sea ociosa ni disruptiva, anime a los que están deprimidos, ayude a los débiles y tenga paciencia con todos. Asegúrese de que nadie haga algo malo cuando lo maltraten y trate siempre de hacer lo que sea bueno para los demás. Alégrate siempre, nunca dejes de orar y dar gracias en cada situación.

La segunda carta, más corta, fue escrita poco después de la primera. La iglesia estaba siendo perseguida y algunos cristianos creían que era una señal de que Jesús pronto regresaría a la tierra. Los falsos profetas reforzaron esta opinión porque muchos cristianos habían sido asesinados. La primera carta de Pablo animaba a los creyentes a estar atentos a Jesús y a la resurrección de los muertos, lo que aumentaba su creencia de que el regreso de Jesús podría ocurrir en cualquier momento. Como resultado, algunos creyentes abandonaron sus trabajos.

Pablo explicó que Jesús no regresaría pronto y que tal vez tardaría mucho en suceder. Explicó que se desconoce la hora del regreso de Jesús, por lo que la gente necesitaba volver a trabajar. Era importante que los creyentes trabajaran duro y no fueran una carga para los demás, así como los tres hombres se ocupaban de sus propias necesidades. Dios eventualmente castigaría a los malvados.

Cartas a los Corintios

Pablo escribió tres cartas a los creyentes de Corinto, pero la primera se perdió. En su segunda carta (conocida como Primera a los Corintios), Pablo respondió a las preguntas que le envió la iglesia. Corinto era una ciudad difícil con muchas tabernas y gente vendiendo sus cuerpos, y la iglesia estaba pasando apuros. La mayoría de los creyentes no tenían una buena educación y pertenecían a una clase social más baja, por lo que se sentían inferiores a los demás de la ciudad. Pablo les dijo que, aunque no eran sabios según los estándares humanos, "Dios escogió lo necio del mundo para avergonzar a los sabios, y lo débil del mundo escogió para avergonzar a los fuertes".

La gente de la iglesia de Corinto tenía muchas preguntas prácticas. Preguntaron cómo lidiar con las divisiones y pleitos dentro de la iglesia y con los cristianos que actuaban de manera inmoral. Tenían preguntas sobre el matrimonio, qué alimentos se podían comer y cómo llevar a cabo servicios de adoración útiles (como la celebración de la Cena del Señor, las mujeres en la iglesia y el ejercicio de los dones espirituales). Los miembros de la iglesia también tenían preguntas sobre la resurrección de Jesús y su propia resurrección en el futuro.

Pablo suplicó a los miembros de la iglesia que se unieran en lugar de dividirse según quién les enseñaba. También aclaró lo que había dicho sobre con quién deberían estar los cristianos y qué tipo de personas evitar.

> Yo planté la semilla, Apolos la regó, pero Dios la hizo crecer. Yo puse una base y otros construyen sobre ella. Si pelean sobre cuál maestro es mejor, demuestra que todavía son bebés en la fe. Cuando eran bebés en la fe, les di leche espiritual que podían soportar. Tus divisiones demuestran que no estás preparado para los alimentos sólidos.

Mi carta anterior decía que no deberías asociarte con personas que cometieran actos sexuales inapropiados. No quise decir que no debieran asociarse con personas de este mundo que son inmorales, que mienten y son avariciosas, o que adoran a otros dioses. Si quise decir eso, ¡tendrías que dejar el mundo! Lo que quise decir es que no debes asociarte con aquellos *que dicen ser tu hermano o hermana en Cristo* pero que están haciendo estas cosas. No debemos juzgar a los que están fuera de la iglesia; Dios lo hará.

Pablo explicó que ser guiado por el espíritu de Dios era más importante que tener sabiduría humana. "Si tienes el Espíritu, tienes la mente de Cristo". El cuerpo humano era sagrado y templo del Espíritu Santo. Aquellos que constantemente cometían pecados graves debían ser removidos de la iglesia y excluidos de la Cena del Señor.

Con respecto al matrimonio, Pablo dijo que ser soltero era bueno porque permitía a las personas servir a Dios y a los demás más libremente. Pero debido a nuestra naturaleza sexual, Dios bendijo los matrimonios porque "es mejor estar casado que arder en pasiones incontroladas". Quienes se casan deben entregarse sus cuerpos el uno al otro y ninguna de las partes tiene poder sobre la otra. Pablo también dio sus opiniones (no palabras de Dios) sobre otros asuntos relacionados con el matrimonio y el divorcio.

Pablo dijo que una persona puede comer cualquier cosa, pero si una persona piensa que no está bien comer algo y luego lo come, ha pecado. La comida se convierte en un obstáculo para quienes tienen una fe menos desarrollada. Por lo tanto, los cristianos no deben comer algo que haga que otra persona coma algo que ellos creen que no debería comer. (La mayor parte de la carne que se comía en ese momento había sido sacrificada a los ídolos). Pablo dijo: "Soy judío con judíos, pero cuando estoy con otros que no siguen las reglas sobre qué comer, como lo que ellos comen. Seré como los demás para que estén más dispuestos a escuchar mi mensaje. Dios no permitirá que sea tentado más allá de lo que pueda soportar. Cuando uno es tentado, siempre hay una manera de salir de ella".

Pablo escribió sobre cómo llevar a cabo los servicios de adoración. Los creyentes necesitaban asegurarse de compartir la Cena del Señor en paz. Si las personas tenían desacuerdos entre sí, debían resolverlos primero. Pablo dijo que las mujeres no deberían hablar ni hacer preguntas durante el culto si no entendían algo; deberían preguntar a otros al respecto más tarde. Las mujeres debían evitar tener conversaciones secundarias disruptivas y permanecer en silencio a menos que estuvieran orando o enseñando como parte de las actividades de adoración.

Pablo dijo que se estaba perdiendo demasiado tiempo haciendo que la gente hablara en otros idiomas que nadie más entendía. Este fue un regalo dado por el Espíritu a algunos creyentes, pero si nadie podía interpretar lo que se decía, no servía, y otros podrían pensar que la iglesia estaba llena de personas con enfermedades mentales. Todos tenían un don espiritual, como sanidad, sabiduría, conocimiento, fe, entender si un espíritu es bueno, hablar otro idioma, ayuda y guía. Los dones menos dramáticos dados por el Espíritu, como la predicación y la comprensión de la verdad acerca de Dios, fueron más útiles. Pablo dijo: "Hablo en lenguas, pero prefiero decir cinco buenas palabras de instrucción que hablar 10.000 palabras en otro idioma".

Habló de la iglesia como si fuera un cuerpo humano con muchas partes: cada uno tenía una función diferente.

> El oído no puede decir: "Porque no soy un ojo, no soy parte del cuerpo". Si todo el cuerpo fuera un ojo, ¿cómo podríamos oír? Dios creó muchas partes de un cuerpo y todas las partes deberían trabajar juntas. Las partes que parecen más débiles son indispensables. Si una parte sufre, todos sufren.

Luego, Pablo escribió que usar los dones espirituales no era tan importante como ser una persona amorosa.[4] Pablo comparó los dones espirituales y el amor de esta manera:

---

[4] Pablo usó el término griego *ágape* como palabra para amor. La palabra implica acción y sacrificio por los demás. No significa un sentimiento emocional, ni amistad (*philia*), ni amor físico (*eros*).

Si hablo en otro idioma, pero no muestro amor, solo estoy haciendo ruido. Si tengo el don de profecía y puedo entender todos los misterios, o si tengo tanta fe que puedo mover una montaña, pero no muestro amor, no soy nada. Si doy todo lo que tengo a los pobres y sacrifico mi cuerpo, pero no amo a los demás, no gano nada.

El amor es paciente y amable. No es celoso ni se jacta ni deshonra a los demás. No es orgullo ni egoísta. No se enoja fácilmente ni se da cuenta cuando la gente hace algo mal. El amor no se deleita en el mal, sino que se regocija con la verdad. Soporta y cree todas las cosas; siempre tiene esperanza y todo lo soporta. Cuando era niño hablaba y pensaba como un niño. Ahora que he madurado, dejé de lado mis costumbres infantiles y egoístas. El amor nunca falla. La fe, la esperanza y el amor son lo más importante, y el mayor de ellos es el amor.

Finalmente, Pablo habló de la resurrección del cuerpo, un concepto extraño para los griegos. Todo el mundo sabía que Jesús resucitó de entre los muertos, y esto significaba que otros podían resucitar de entre los muertos. Jesús venció la muerte para que el cuerpo espiritual de una persona vuelva a la vida. Pablo concluyó con este misterio:

Cuando estemos muertos, seremos transformados instantáneamente cuando suene la última trompeta. Los muertos resucitarán y vivirán para siempre. Lo que dijo Oseas se hará realidad: "La muerte ha sido devorada por la victoria de Dios. ¿Dónde, oh muerte, está tu victoria? ¿Dónde está tu aguijón?

La última carta de Pablo a los Corintios

Pablo hizo varios viajes a Corinto para apoyar y enseñar a los creyentes, y algunas de sus visitas fueron "dolorosas". La oposición a Pablo había aumentado, pero el líder de una rebelión fue disciplinado. Pablo expresó su gozo porque la iglesia había resuelto este problema y animó a los creyentes a permitir que el líder rebelde regresara a la iglesia. Dado que ser cristiano en el imperio Romano era peligroso, le recordó a la iglesia la esperanza que tenían en la resurrección de sus almas. Caminaron por fe y eran nuevas criaturas porque Dios vivía en ellos: habían dejado sus viejas formas de actuar y pensar. Los creyentes son como vasijas de barro, moldeadas por el maestro alfarero, que realizan diferentes funciones según los deseos de Dios.

Pablo habló de todas sus cualidades para enseñar, pero también destacó sus propias debilidades, entre ellas tener un "aguijón en el costado". Pablo nunca dijo nada sobre lo que le molestaba y había orado varias veces para que se eliminara el problema. Pero Dios dijo "mi poder se muestra en la debilidad humana". Pablo era lo suficientemente bueno tal como era, y sus limitaciones lo mantuvieron humilde: era fuerte cuando era débil.

Carta a los Romanos

La carta más larga de Pablo fue enviada a las iglesias domésticas en Roma que tenían creyentes tanto judíos como gentiles. Escribió antes de su primer viaje a Roma y no conoció personalmente a muchos de los cristianos en Roma, por lo que su escritura es más formal que las otras cartas que escribió.

Su carta resumió las ideas básicas de la fe cristiana para los creyentes que no tenían este conocimiento. Explicó los principios generales de la fe de manera sistemática y lógica, y su mensaje general fue que Jesús murió y libró a todas las personas del pecado, por lo que una relación con Dios está disponible para cualquiera que tenga fe en Jesús, el Cristo. Utilizó cinco temas para respaldar este mensaje:

- Todas las personas tienen una naturaleza pecaminosa.
- La muerte de Jesús fue el mejor y último sacrificio de sangre necesario para quitar los pecados del mundo y permitir que todas las personas sean aceptables ante Dios.
- Los cristianos deben ser santos y confiar en el Espíritu de Dios para perseverar en tiempos difíciles. Una fe más profunda conduce a una rectitud más profunda.

- Inicialmente los judíos fueron elegidos como pueblo de Dios, pero ahora se incluyen los gentiles porque los israelitas continuamente rechazaban a Dios.
- Ser cristiano significa vivir de una manera diferente en un mundo pecaminoso.

La gente tiene una naturaleza pecaminosa

El primer tema fue que los individuos y la sociedad en su conjunto tienden a hacer cosas malas. Las personas cometen todo tipo de delitos y no muestran misericordia ni justicia hacia los demás, incluso cuando saben que hacerlo tiene consecuencias. Están orgullosos y se jactan de lo geniales que son y no son pacientes ni amables. Oyen la ley, pero no la obedecen y no practican lo que predican.

> Nadie es justo, todos se han alejado de Dios. No podemos ser aceptables ante Dios obedeciendo la ley. Nuestra incapacidad para obedecer la ley muestra nuestra naturaleza pecaminosa. No hay diferencia entre judíos y gentiles: todos han pecado y no han alcanzado los estándares de justicia de Dios.

Jesús, el mejor y último sacrificio necesario

El segundo tema es que la muerte de Jesús fue el mejor y último sacrificio de sangre necesario para quitar los pecados del mundo y permitir que las personas se presenten justificadas y justas ante Dios. La sangre derramada por Cristo detuvo permanentemente la ira de Dios contra la naturaleza pecaminosa de la gente, así como los sacrificios de animales de alta calidad eliminaron los pecados de los israelitas. Pero esos sacrificios sólo detuvieron temporalmente la ira de Dios. El sacrificio de Jesús es permanente y definitivo y se aplica a todos.

Abraham fue "justificado" (justo) debido a su fe. Obedientemente se mudó de Ur a Canaán y estaba listo para matar a Isaac, a pesar de que Dios le prometió innumerables descendientes. Nunca perdió la esperanza de tener un hijo, incluso cuando él y Sarah eran muy mayores. No estaba justificado por obedecer la ley. Un verdadero judío es alguien que es fiel a las enseñanzas de Dios, no alguien que tiene las características externas de un judío o que obedece la ley. "Los pecados de un hombre (Adán) afectaron a todos los humanos; el sacrificio de un hombre (Jesús) limpió a todos los humanos".

Los beneficios de ser cristiano son gratuitos porque Jesús pagó el precio. La gente sólo necesita tener una fe sincera en Jesús para permanecer limpios ante Dios y obtener los beneficios. Estos beneficios incluyen tener paz, alegría y esperanza, incluso en tiempos difíciles. El pecado mata, pero Jesús murió para darnos vida.

Santidad Cristiana

Un tercer tema se centró en los procesos de madurez en la fe cristiana. Las personas naturalmente hacen cosas que no deberían hacer, pero el espíritu de Dios les ayuda a resistir la tentación y cambiar su carácter. "A quienes aman a Dios, todas las cosas les ayudan al bien. El sufrimiento produce perseverancia, que produce carácter, que produce esperanza. Si Dios es por nosotros, ¿quién podrá estar contra nosotros? Nada puede separarnos del amor de Cristo". Quienes son guiados por el Espíritu no dependen de sus propios recursos. Están aprovechando el "agua viva" de Dios, que gradualmente los transforma en personas que reflejan la naturaleza y el carácter de Dios.

Actualización de las promesas a los israelitas

El cuarto tema se relaciona con la cuestión de cómo el judaísmo se relaciona con las creencias cristianas. Dios eligió a los israelitas para que fueran sus representantes en la tierra y Pablo sabía que la mayoría de los judíos no creían que Jesús fuera el Mesías. Los judíos esperaban que el Mesías fuera rey y derrocara a los Romanos. Como fariseo devoto, Pablo comprendió plenamente las leyes de Moisés y tuvo una experiencia personal que le permitió vincular las ideas del judaísmo con las nuevas ideas del cristianismo. Las nuevas promesas están lógicamente ligadas a las promesas anteriores. Un Dios soberano podría "elegir" a cualquier grupo de personas para que fuera el pueblo elegido. Al centrarse en obedecer la ley en lugar de tener fe en Dios, los judíos perdieron su estatus especial como pueblo elegido de Dios. Ahora los gentiles que tenían fe en Jesús fueron incluidos, adoptados en la familia de Dios, una rama injertada en un árbol santo para reemplazar las ramas muertas. Los judíos todavía eran especiales para Dios, pero cuando Dios incluyó a los gentiles en el reino, hubo más mensajeros que podían dar fruto y llevar las buenas nuevas del amor salvador y el perdón de Dios a todas partes del mundo. Los gentiles también podrían ayudar a los judíos a comprender el plan general de Dios para el mundo. El amor y la misericordia de Dios por la raza humana no habían cambiado en absoluto.

Vivir como cristianos en el mundo

Pablo termina analizando lo que hacía falta para que un cristiano viviera en un mundo malvado. Los cristianos deben ser obviamente diferentes.

No se conformen a los modos e ideas de este mundo, sino cambien renovando su mente.

Todo el mundo debería utilizar sus dones lo mejor que pueda. Cada persona es parte de un cuerpo, sin embargo, todos tenemos diferentes funciones y dones. Algunos predicarán mientras otros servirán o enseñarán; algunos alentarán o darán generosamente mientras que otros guiarán o mostrarán bondad.

El amor debe ser sincero. Ámense unos a otros y honren a los demás más que a ustedes mismos. Sean felices en la esperanza, pacientes en los problemas y fieles en la oración. Compartan con otros cristianos que estén necesitados y practiquen la hospitalidad. No sean orgullosos y piensen más en ustedes mismos de lo que deberían. En lugar de eso, mírense a ustedes mismos con ojos realistas.

Bendigan a los que les persiguen. Alégrense con los que se alegran; lloren con los que lloran. Hagan lo que puedan para vivir en paz con todos. Estén dispuestos a asociarse con personas de puestos bajos que realizan trabajos sencillos y sucios. Odien lo malo, abracen lo bueno. No hagan mal a quienes les hacen mal, y hagan lo que cada uno crea correcto. No busques venganza, eso es algo que Dios se encargará. En cambio, "Si tus enemigos tienen hambre, dales de comer; si tienen sed, dales algo de beber. Al hacer esto, carbones encendidos amontonarás sobre sus cabezas".[5] No se dejen vencer por el mal, sino venzan el mal con el bien.

Sométanse a los funcionarios del gobierno que imparten justicia. Den a aquellos lo que les deben: Si deben impuestos o tienen deudas, páguenlas. Respetar y honrar a quienes lo requieran.

Carta a los Colosenses

La ciudad de Colosas estaba a 100 millas al este de Éfeso y se encontraba en una importante ruta comercial que conectaba Asia y Europa. Pablo nunca había estado allí, pero había visitado ciudades cercanas y había oído hablar de su creciente iglesia compuesta principalmente por gentiles. Pablo les escribió para abordar las enseñanzas falsas que enfrentaba la iglesia y que mezclaban legalismo judío, filosofía griega y misticismo oriental.

La primera mitad de la carta trataba de la doctrina cristiana correcta. Destacó la supremacía de Jesús.

> Jesús es la imagen visible del Dios invisible, el primogénito de toda la creación. Todas las cosas que hay en la tierra

---

[5] Esta frase tiene varios significados. Puede tomarse literalmente dentro del contexto de esa cultura, en la que una persona proporciona una gran cantidad de carbón para ayudar al menguante fuego de un vecino. En la antigüedad, algunas personas llevaban cosas en la cabeza. La frase también tiene un significado más profundo: la generosidad extravagante de una persona hacia un enemigo hace que el enemigo piense en cómo trata a los demás. El resultado es aumentar las posibilidades de relaciones más pacíficas. La frase *no* significa herir a tu enemigo quemándole la cabeza de alguna manera. La frase se cita porque aparece en Proverbios.

y en el cielo, visibles e invisibles, fueron creadas por él y para él. Él existió antes de todas las cosas y lo mantiene todo unido. Él es la cabeza de la iglesia y es supremo en todo. La plenitud de Dios vivió en él, y por él todas las cosas en la tierra y en el cielo son reconciliadas con Dios mediante el sacrificio de su sangre en la cruz.

Pablo instó a sus lectores a centrarse en Jesús en lugar de seguir estrictas prácticas judías, filosofías de adoración de ángeles e ideas de abnegación. La combinación de estos elementos adicionales en la fe desvió la atención de la gente de la idea de que Jesús era todo lo que los cristianos necesitan para estar bien con Dios.

> Cristo murió, así que no necesitas seguir las reglas de este mundo que dicen: "¡No toques esto, no pruebes esto!" Estas duras reglas se basan en enseñanzas humanas que parecen sabias pero que no tienen ningún valor duradero.

La segunda parte de la carta analiza cómo deben comportarse los cristianos, haciendo cosas piadosas y no malas.

> Quítate tú antiguo yo y vístete el nuevo yo. Esto significa eliminar la ira, las mentiras sobre los demás, las malas palabras, la inmoralidad sexual, los malos deseos y el egoísmo. Como pueblo elegido de Dios, muestra compasión, bondad, humildad, gentileza y paciencia. Sopórtense unos a otros y perdónense unos a otros, así como Jesús los perdona a ustedes. Lo más importante es amar a los demás para que todos permanezcan juntos. Actúen sabiamente con los forasteros y aprovechen al máximo cada oportunidad. Sean pacientes y amables al hablar con los demás.

Carta a los Efesios

Pablo escribió una carta más larga y sofisticada a la iglesia de Éfeso que era similar a su carta a los Colosenses. Envió ambas cartas aproximadamente al mismo tiempo mientras estaba en prisión en Roma. Había vivido en Éfeso durante varios años, por lo que conocía bien a su audiencia. No había ninguna razón específica para escribir aparte de seguir enseñando a la iglesia lo que significaba ser la iglesia.

Mientras que su carta a los Colosenses destacaba a Jesús como cabeza de la iglesia, su carta a los Efesios se centraba en la iglesia como el cuerpo de Cristo, un grupo de personas elegidas que fueron adoptadas en la fe. La naturaleza general de la carta indica que probablemente estaba destinada a ser enviada a otras iglesias de la región. Al igual que la carta a los Colosenses, su carta tenía dos partes principales: una sobre las ideas cristianas correctas y la otra sobre cómo ser fiel en el mundo.

La primera parte de la carta afirma que siempre fue parte del plan más amplio de Dios que todas las personas en la tierra tuvieran una relación amorosa con Dios, no solo los judíos. Las tres formas de Dios desempeñaron un papel en el desarrollo y la continuación del plan general de Dios. Dios el "Padre" eligió a los creyentes; el Hijo (Jesús) santificó a los hombres mediante su muerte, la cual perdonó todos los pecados del mundo; y el Espíritu guio a los habitantes de la tierra. Pablo enfatizó que la gente no había hecho nada para ganar algún estatus especial ante Dios. Fue enteramente la gracia de Dios, un regalo gratuito e inmerecido que llegó a los creyentes debido a su fe en Jesús.

> Antes estabas muerto en tus pecados, pero ahora estás vivo en Cristo: tus pecados son perdonados. La gracia nos ha salvado por nuestra fe; es un regalo gratuito de Dios, no por lo que hemos hecho para poder alardear de ello. Somos obra de Dios y hemos sido creados para hacer buenas obras. Dios nos preparó para hacer esto hace mucho tiempo.
>
> Judíos y gentiles son ahora un grupo con ciudadanía en el cielo. El propósito de Dios era crear una nueva humanidad a partir de las dos, haciendo así la paz. Los gentiles ya no son extranjeros ni extraños, sino conciudadanos del pueblo de Dios y miembros de la familia de Dios que fue edificada sobre el fundamento de los apóstoles y profetas. Jesús es la principal piedra angular que mantiene unida a la iglesia y se eleva para ser el templo santo de Dios.

Pablo se veía a sí mismo simplemente como un siervo de Dios para ayudar a revelar este plan general a los gentiles. No quería que nadie sintiera lástima por él mientras estuviera en prisión; estaba haciendo lo que debía hacer.

Estas ideas se desarrollaron en la segunda parte de la carta: instrucciones y aliento para aquellos en la iglesia vivan en paz unos con otros, a pesar de su diversidad, para que el mundo vea un ejemplo de cómo las personas deben vivir siendo una en la tierra.

Mostrar unidad dentro de un grupo diverso tuvo implicaciones para los individuos y el grupo. Cada persona tenía un rol diferente, así como las diferentes partes del cuerpo ayudan al funcionamiento de todo el cuerpo. Pablo escribió muchas de las mismas cosas que les escribió a los Colosenses sobre cómo los cristianos deberían vivir sus vidas y cómo vivir en una comunidad de fe. Amplió sus puntos de vista sobre los roles dentro de la familia.

> Sométanse unos a otros por respeto a Cristo. Esposas, estén sujetas a sus maridos como al Señor. Maridos, amen a sus mujeres como Cristo amó a la iglesia y se entregó por ella para santificarla. Amen a sus esposas como si fueran su propio cuerpo. El que ama a su esposa ama su propio cuerpo, así como Jesús ama a la iglesia.
>
> Hijos, obedezcan a sus padres. Padres, no irriten a sus hijos; críenlos con entrenamiento e instrucción acerca del Señor. Esclavos, obedezcan a sus amos con respeto y sinceridad. Amos, traten a sus esclavos de la misma manera. No los amenaces, porque nuestro Maestro en el cielo no muestra favoritismo. Sirve a los demás como si estuvieras sirviendo al Señor, quien nos recompensará en función de lo que hagamos, no de si somos esclavos o libres.

Pablo terminó su carta alentando a la iglesia a estar en guardia contra el mal y al mismo tiempo ser fuerte para mantener y expandir la fe. "Nuestra lucha no es contra sangre y carne, sino contra los poderes de las tinieblas de este mundo y contra las fuerzas espirituales del mal". Utilizando la analogía de la armadura de un soldado, describió herramientas defensivas y ofensivas para luchar contra el diablo.

Carta a los Filipenses

Filipos era una próspera ciudad romana en Macedonia, y los gentiles en la iglesia eran ciudadanos Romanos que apoyaban financieramente a Pablo. Escribió su carta desde la prisión de Roma y es muy personal. Les dio una actualización sobre sus viajes y les agradeció por su apoyo financiero. Habló de cómo estar en prisión ayudó a difundir el evangelio: los guardias y los funcionarios Romanos escuchaban las buenas noticias acerca de Jesús.

Pablo animó a los Filipenses a mantenerse firmes en su fe y regocijarse cuando fueron perseguidos por su fe. No le preocupaba morir; se beneficiaría de ello al estar aún más cerca de Dios. Escribió sobre la importancia de ser humilde y usó a Jesús como el máximo ejemplo de humildad, que no era considerada una virtud entre la gente que vivía en ese momento.

> Sean unánimes y no hagan nada por ambición egoísta. Sé humilde y valora a los demás y sus intereses por encima de los tuyos. En tus relaciones con los demás, ten la misma actitud que tuvo Jesús. Aunque era Dios, no consideraba la igualdad con Dios como algo que debía utilizar para su beneficio. En cambio, se convirtió en un siervo humano y obedeció a Dios, muriendo de manera humillante en una cruz. Como resultado, Dios lo honró con estar en el lugar más alto y le dio el nombre más alto. Todo lo que está en el cielo, en la tierra y debajo de la tierra se postrará ante él, y todos dirán que Jesucristo es el Señor.

Pablo habló de sus propias credenciales como judío devoto. Podría haberse jactado de su formación religiosa y de su santidad, pero eso era irrelevante: renunció a sus privilegios en la comunidad religiosa para creer en Jesús y promover las buenas nuevas. Todavía estaba aprendiendo y tratando de comprender más a Jesús, incluso si eso significaba morir por su fe.

No te preocupes por nada. En cada situación, presente sus peticiones a Dios orando con agradecimiento. La paz de Dios, que está más allá de nuestro entendimiento, guardará sus corazones y mentes. Todo lo que es verdadero, noble, correcto y puro, piensa en estas cosas. He aprendido a estar en paz en cada situación. Sé lo que es tener necesidad y tener abundancia, tener hambre o estar bien alimentado. Todo lo puedo en Cristo que me da las fuerzas y lo que necesito.

Pablo dijo que la ciudadanía de un cristiano está en el cielo y los creyentes son embajadores del reino de Dios para aquellos que viven en la tierra. El cristianismo representó un nuevo modelo de pensar y de vivir, y el Espíritu transforma y protege a los creyentes en su misión en este mundo.

Cartas a los líderes de la iglesia

Pablo escribió cartas durante y después de su encarcelamiento en Roma a pastores que vivían en las áreas que había visitado. Las cartas se centraban principalmente en la organización del liderazgo de la iglesia, las enseñanzas sobre la buena conducta en el mundo y el tratamiento de las falsas enseñanzas.

Tito

Tito era un gentil griego que se convirtió en creyente durante el primer viaje de Pablo a Asia Menor y estuvo con Pablo y Bernabé cuando fueron a Jerusalén para contarles a los líderes de la iglesia sobre la conversión de los gentiles. Fue utilizado como ejemplo durante la discusión sobre la necesidad de la circuncisión entre los gentiles y finalmente se convirtió en el líder de todas las iglesias de la isla de Creta.

Pablo le dijo a Tito que nombrara líderes ("ancianos") para las iglesias de la isla. Los ancianos debían mostrar los frutos del espíritu (por ejemplo, ser pacientes, amables, hospitalarios, autocontrolados, disciplinados). Necesitaban ser creyentes firmes: actuar con santidad, aferrarse firmemente al mensaje cristiano, animar a otros con enseñanza correcta y oponerse a aquellos que no lo creían, ser fieles a sus esposas y no ser violentos ni beber demasiado alcohol. De hecho, todos los creyentes deben exhibir estas cualidades, independientemente de su posición o género. Esto ayudaría a la gente a respetar y admirar a quienes siguieron a Jesús.

Pablo le dijo a Tito que tomara medidas enérgicas contra los judíos que decían cosas malas sobre los creyentes gentiles que no seguían las costumbres judías. También le dijo a Tito que enseñara a todos los creyentes a no rebelarse contra los líderes del gobierno, a hacer el bien siempre que pudieran y a evitar hablar de controversias tontas e inútiles. A los que causaron divisiones se les debe advertir varias veces, y si continúan siendo divisivos, se les debe evitar.

Filemón

La carta más corta de Pablo (una página) fue escrita mientras estaba prisionero en Roma. Conoció y convirtió a un esclavo llamado Onésimo (que significa "útil") mientras ambos estaban en prisión. El esclavo pertenecía a Filemón, un cristiano que vivía en Colosas y dirigía una iglesia en casa. Pablo había ayudado a Filemón a convertirse en creyente. Onésimo había tomado parte del dinero de Filemón y había huido a Roma y estaba siendo liberado de prisión. Pablo lo convenció de regresar con Filemón y ser útil en lugar de ser inútil como un esclavo desaparecido. La carta de Pablo animó a Filemón a acoger a Onésimo nuevamente y tratarlo como a un compañero creyente y no castigarlo ni matarlo como lo haría con un típico esclavo fugitivo. Pablo prometió pagarle a Filemón el dinero que Onésimo le debía. (Onésimo fue liberado por Filemón y pasó a ser obispo de la iglesia en Éfeso; Filemón se convirtió en obispo de la iglesia en Gaza. Ambos hombres finalmente fueron asesinados por los Romanos debido a su fe).

Timoteo

Pablo escribió dos cartas a Timoteo, el cristiano medio gentil que era su compañero de viaje. Aunque Timoteo era joven, Pablo lo dejó a cargo de dirigir la iglesia grande y diversa en Éfeso debido a sus habilidades de predicación y enseñanza.

En su primera carta, Pablo advirtió a Timoteo acerca de los judíos que enseñaban ideas incorrectas sobre lo que se requería para ser cristiano. Su énfasis estaba en obedecer las leyes de Moisés, no amar a los demás y tener fe en Jesús. La ley todavía era útil cuando se trataba de criminales, mentirosos, rebeldes, traficantes de esclavos y aquellos que practicaban la inmoralidad sexual.

Pablo también escribió sobre cómo organizar los servicios de adoración y la iglesia. Dio instrucciones sobre cómo orar, cómo debían vestirse las mujeres y quién debía hablar y enseñar durante el culto. Le dio a Timoteo muchas de las mismas instrucciones que le dio a Tito acerca de las calificaciones de los ancianos (también llamados obispos), y discutió las calificaciones de los diáconos.

Le dio a Timoteo consejos sobre cómo mantener su salud y señaló que pagar a los ancianos por su trabajo era una buena idea. Pablo lo animó a buscar la piedad y mostrar fe, amor, paciencia y gentileza hacia los demás. Finalmente, Pablo le dio consejos sobre cómo tratar con los creyentes en todos los aspectos de la vida: los viejos y los jóvenes, los casados, los viudos o los solteros, los esclavos y sus amos, los acusados de pecado, los ricos y los pobres.

> Conténtate con lo que tienes. Quienes quieren enriquecerse caen en una trampa. Muchos deseos necios son dañinos y arruinan a la gente, porque el amor al dinero causa toda clase de males. Algunos que están ávidos de dinero han abandonado la fe y han tenido muchos problemas. Los que son ricos en esta vida no deben enorgullecerse ni poner su esperanza en sus posesiones que pueden ser inciertas. Deben poner su esperanza en Dios que proporciona en abundancia todo lo que necesitamos para ser felices. Di a la gente que

haga el bien y sea rica en buenas obras, siendo generosa y dispuesta a compartir.

La segunda carta de Pablo fue escrita mucho más tarde, cuando sufría en una fría celda de prisión en Roma porque era cristiano. Pablo creía que pronto sería asesinado por los Romanos bajo Nerón, y fue el último registro de cualquiera de sus escritos. Todos los cristianos estaban siendo perseguidos en ese momento y muchos de sus amigos lo abandonaron, por lo que se sentía solo.

Aunque Pablo estaba deprimido, animó a Timoteo a mantener la fe y no tener miedo de morir a causa de su fe. El sufrimiento era parte de la vida cristiana y morir significaba estar más cerca de Dios. Pablo advirtió a Timoteo acerca de los falsos maestros que pasaban tiempo peleando por cosas que no eran importantes. Aquellos que se oponían a él debían ser tratados con delicadeza para que entraran en razón y volvieran a la verdad.

Pablo también le dijo a Timoteo que continuara predicando y enseñando las Escrituras, que lo habían hecho sabio y entendido las palabras y los pensamientos de Dios. Todas las Escrituras fueron útiles para enseñar, corregir y capacitar a otros en una vida santa. Las Escrituras inspiradas ayudan a preparar a los cristianos para toda buena obra.

Pablo terminó su última carta pidiéndole a Timoteo que lo visitara en prisión. Lucas fue la única persona que quedó en Roma que lo consoló y animó. (No hay nada escrito sobre si Timoteo llegó a Roma antes de que ejecutaran a Pablo).

16
CARTAS A LOS CREYENTES

Pablo escribió la mayoría de las cartas de la Biblia, pero otras cartas fueron escritas por los apóstoles Pedro y Juan y los dos medios hermanos de Jesús, Santiago y Judas (llamado Judas). Otra carta fue escrita por un autor desconocido a los judíos en general. Este capítulo resume estas cartas.

Las cartas de Pedro

Pedro escribió dos cartas a los creyentes. La primera carta fue enviada a creyentes gentiles en las ciudades que visitó Pablo y que estaban siendo atacados verbal y físicamente por su fe. La carta fue enviada para alentar a los creyentes a permanecer fuertes en su fe mientras sufrían en tiempos difíciles, tal como lo hizo Jesús. Los creyentes deben amarse unos a otros, ser buenos ciudadanos y tener buenas familias para poder dar una buena impresión a los demás. Al final, serían recompensados en el cielo.

> Dios se complace cuando sufres y soportas por hacer el bien. Son un pueblo elegido, una nación santa y posesión especial de Dios para que puedan hablar de Jesús, que los llamó de las tinieblas a su luz. Tu belleza no debe provenir de lo que vistes; debe ser tu yo interior, la belleza inmarcesible de un espíritu gentil y tranquilo. Estén preparados para responder a todo aquel que les pregunte por qué tiene esperanza, pero háganlo con respeto y gentileza. Sobre todo, ámense profundamente unos a otros, porque el amor cubre muchos pecados. Estén alerta y sobrios porque su enemigo, el diablo, ronda como león rugiente buscando a quien devorar. Resístanlo y manténganse firmes en la fe: la familia de

creyentes en todo el mundo está experimentando el mismo tipo de sufrimiento.

La segunda carta de Pedro es más breve y se centra en resistir a los falsos maestros y malhechores que influyeron en la iglesia. La diversidad de la iglesia primitiva trajo consigo nuevas ideas que no eran consistentes con las enseñanzas de los líderes cristianos, y Pedro quería enfatizar las enseñanzas básicas de la iglesia.

Les dijo a los creyentes que crecieran en su fe. "Hagan todo lo posible por añadir a su fe las cualidades de bondad, conocimiento, dominio propio, perseverancia, piedad, apoyo a los demás y amor. Estas cualidades le ayudarán a ser eficaz y productivo". Escribió que los verdaderos profetas siempre hablan por Dios y desde Dios y no se basan en sus propias ideas para influir en los demás; Los falsos maestros cuentan historias para aprovecharse de los creyentes crédulos.

Una de las enseñanzas falsas fue que Jesús no regresaría y no habría juicio final. Pedro enfatizó que Jesús regresaría y sería el juez final. El mal sería destruido con fuego, tal como el mal fue destruido por el agua en los días de Noé. El día era desconocido porque "un día es como mil años" para Dios, y eventualmente los falsos maestros serían juzgados con dureza.

Carta de Santiago

Santiago era medio hermano de Jesús y no siguió a Jesús inicialmente, pero se convirtió en creyente después de la resurrección. Santiago dirigió la iglesia de Jerusalén a la que Pablo se dirigió cuando discutía temas relacionados con los gentiles. Su carta estaba dirigida a los judíos que viven fuera de Palestina y se centraba en lo que significa seguir a Jesús.

La carta es básicamente un manual para la conducta cristiana correcta, por lo que se supone que quienes la leyeron eran judíos bien informados que ahora eran cristianos. El libro divaga en diferentes direcciones y analiza diferentes temas.

Alégrense cuando enfrenten pruebas, porque las pruebas de su fe producen perseverancia, que conduce a la madurez. Los que perseveran reciben la corona de la vida…. Si les falta sabiduría, pídansela a Dios y la recibirán…. Si son tentados es porque tienen malos deseos. Estos deseos dan origen al pecado. Dios no es quien tienta; Sólo las cosas buenas vienen de arriba. Está en la naturaleza inmutable de Dios hacer el bien y no hacer el mal…. No solo escuchen la palabra de Dios – hagan lo que se dice…. Aquellos que se consideran religiosos, pero no controlan su lengua tienen una religión que no vale nada…. Una persona con una religión pura cuida de los huérfanos y de las viudas en su aflicción y no se contamina con las costumbres de este mundo…. No favorezcas a los ricos ni a los que lucen bien. Amen a todos por igual. La riqueza de los ricos será destruida a causa de su autocomplacencia…. No confíen demasiado en sus propios planes. No saben lo que pasará en el futuro. Podría suceder si Dios quiere que suceda…. Confiésense sus pecados unos a otros y oren unos por otros para que puedan ser sanados. Las oraciones de los justos son poderosas.

El otro mensaje principal de Santiago surge en su ataque a quienes ven una diferencia entre las personas que dicen tener fe y las que hacen buenas obras. Los dos van juntos: "La fe de una persona está muerta si no va acompañada de acción. La fe de nuestros antepasados siempre se demostró en lo que hicieron".

Cartas de Judas y Juan

Judas era hermano de Santiago y medio hermano de Jesús. Al igual que la primera carta de Pedro, Judas se centró en abordar las enseñanzas falsas que se estaban difundiendo en la iglesia. No hay nada escrito en este libro muy corto (menos de una página) sobre su audiencia y las falsas enseñanzas. Judas simplemente habla fuertemente contra los falsos maestros que tergiversan el concepto de gracia y el papel de Jesús. Estos profesores eran muy críticos con las cosas que no entendían. Judas enumeró muchos ejemplos del juicio de

Dios y dijo que los falsos maestros serían castigados algún día, tal como Dios castigó a los falsos profetas y maestros que vivieron entre los judíos.

Cartas de Juan

Juan fue el pescador que llegó a ser uno de los 12 discípulos originales. Escribió un largo relato sobre la vida de Jesús y escribió tres cartas generales a los cristianos a finales del siglo I d.C.

Su primera carta tenía como objetivo alentar y fortalecer a la iglesia que enfrentaba enseñanzas falsas. Se fue desarrollando la herejía del gnosticismo que pensaba que todas las cosas físicas son malas y sólo el espíritu es bueno. Esto significaba que era el espíritu de Jesús el que contaba, no su cuerpo; algunos creían que Jesús ni siquiera era humano. Esta creencia llevó a los gnósticos a vivir vidas inmorales porque guardar la ley no tenía consecuencias. Los gnósticos estaban muy orgullosos de sus creencias y despreciaban a quienes no creían como ellos.

Juan se opone a cada una de las opiniones gnósticas. Era un amigo personal cercano y experimentó la realidad de la vida física de Jesús; Jesús era Dios en forma física. Juan también destacó la vida recta, la humildad y el amor a los demás. Un verdadero cristiano cree que Jesús era el Mesías y el Hijo de Dios, obedece los mandamientos de Jesús, vive una buena vida y ama a otros cristianos.

> Esto es el amor: Jesús murió por nosotros. Deberíamos estar dispuestos a morir por otros cristianos. Si alguien tiene bienes materiales y ve a los cristianos necesitados, pero no los ayuda, ¿cómo puede estar el amor de Dios en esa persona? Amemos con nuestras acciones. Amémonos unos a otros, porque el amor viene de Dios. Todo el que ama ha nacido de Dios. El que no ama no conoce a Dios, porque Dios es amor. No hay miedo en el amor. El amor perfecto expulsa el miedo porque el miedo se relaciona con el castigo. Amamos porque Jesús nos amó primero. Jesús dio este mandato: Cualquiera

que ama a Dios debe amar también a su hermano y a su hermana.

La segunda carta de Juan fue muy breve y advirtió a la iglesia sobre los falsos maestros que influenciaban a la iglesia sin su conocimiento. Juan dijo que la iglesia no debería tener nada que ver con esa gente. Juan repitió los dos puntos que planteó en su primera carta: la necesidad de que los miembros de la iglesia obedezcan los mandamientos de Jesús y se amen unos a otros.

La tercera carta de Juan también fue breve y fue enviada para instruir a un amigo sobre cómo manejar una situación inusual en la iglesia. Un maestro que Juan había enviado a apoyar a varias iglesias no fue aceptado por el líder de una de las iglesias. Este líder actuó como un matón, controló a la gente e incluso expulsó a algunos creyentes que ayudaron a otras maestras visitantes. Juan agradeció a su amigo por ayudar a los maestros que lo habían visitado e indirectamente advirtió al líder que pronto se ocuparía de él en persona.

Carta a los hebreos

Hebreos fue escrito a los judíos para convencerlos de que Jesús era superior a todos los demás héroes del Antiguo Testamento. Su objetivo era evitar que los creyentes judíos volvieran al judaísmo. Aunque a hebreos se le llama carta, está estructurado como un ensayo. Comienza discutiendo cómo Dios habló primero a través de los profetas, pero ahora habló a través de Jesús.

> Dios habló anteriormente a nuestros antepasados a través de los profetas en muchas ocasiones y de diversas maneras, pero en estos últimos días, Dios nos ha hablado a nosotros a través de Jesús. Fue designado heredero de todas las cosas y Dios lo usó para crear el universo. Jesús es la representación exacta de Dios y sus palabras mantienen unido al mundo. Ahora que nos purificó de nuestros pecados, está sentado a la diestra de Dios en el cielo. Es muy superior a cualquier ángel del cielo.

El autor frecuentemente se refiere a Jesús como "mejor que" los héroes del Antiguo Testamento. El autor explica cómo Cristo es mejor que los ángeles, mejor que Abraham y Moisés, mejor que Josué y todos los sacerdotes. El Nuevo Pacto – el sacrificio de Jesús que limpió a las personas de sus pecados y proporciona vida eterna a todo el pueblo de Dios, la iglesia – es mejor que el Antiguo Pacto. El sacrificio de Jesús es mejor que los sacrificios realizados bajo el Antiguo Pacto, y experimentar a Jesús es mejor que experimentar los acontecimientos en el Monte Sinaí. Jesús es el gran sumo sacerdote que intercede por el pueblo ante Dios y también es el Juez.

> La palabra de Dios es viva y más cortante que cualquier espada de doble filo. Juzga nuestros pensamientos ocultos: nada está oculto a la vista de Dios. Todo queda abierto y expuesto ante Dios, a quien debemos dar cuenta. Tenemos un sumo sacerdote que puede empatizar con nuestras debilidades. Jesús fue tentado en todo, tal como nosotros, pero no pecó.

Jesús vino al mundo como el sacrificio supremo. Era imposible que la sangre de toros y machos cabríos quitara los pecados. Ya no eran necesarios sacrificios para eliminar la mancha del pecado. Pero la liberación del pecado no le dio a la gente permiso para usar esa libertad para seguir pecando. En cambio, el enfoque de un cristiano debería ser "animarnos unos a otros a mostrar nuestro amor y buenas obras". Quienes tienen fe en Jesús deben ser audaces y perseverar en tiempos difíciles y no ser tímidos.

> La fe es la certeza de las cosas que esperamos y la confianza en lo que no hemos visto. Nuestra fe nos ayuda a creer lo que Dios ha hecho. Fue la fe de Abraham la que lo llevó a dejar su hogar en Ur y mudarse a Canaán y saber que él y Sara tendrían un hijo a una edad avanzada. Teníamos fe en Dios cuando Moisés nos condujo a través de las aguas para escapar de los egipcios. Casi todos murieron antes de ver la tierra prometida, pero pudieron verla desde lejos y no dudaron porque tenían fe en las promesas de Dios para nosotros.

Por la fe cayeron los muros de Jericó, y por la fe la prostituta Rahab no fue asesinada porque recibió a los espías. No tengo tiempo para hablar de Gedeón, Barac, Sansón, Jefté, David, Samuel y los profetas. Por la fe conquistaron reinos, impartieron justicia y obtuvieron lo prometido. Cerraron la boca de los leones, apagaron la furia de las llamas y escaparon del filo de la espada. Su debilidad se convirtió en fuerza a medida que se volvieron poderosos en la batalla.

Otros fueron torturados y enfrentaron burlas, palizas y encarcelamiento. Fueron ejecutados a pedradas, aserrados en dos y asesinados con espada. Vestían pieles de ovejas y cabras y eran pobres y sin hogar, perseguidos y maltratados. Vagaron por desiertos y montañas, viviendo en cuevas y agujeros en el suelo.

Ya que estamos rodeados de tan gran nube de testigos, deshazte de todo lo que nos detiene y del pecado que nos atrapa. Fortalece tus débiles brazos y tus débiles rodillas y corre la carrera que afrontamos con perseverancia. Fija tus ojos en Jesús que soportó la cruz y ahora se sienta junto al trono de Dios.

El autor termina diciéndoles a los judíos que sigan viviendo una vida moral y amorosa, mostrando hospitalidad a los extraños y recordando a aquellos que estaban en prisión y que sufrieron porque fueron maltratados.

17
MENSAJES EXTRAÑOS
PREDICEN UN FINAL
CATACLÍSMICO

Jesús habló del reino de Dios como si ya existiera en la tierra, pero también que aún estaba por llegar. Dijo que un rey juzgaría a la gente como un pastor separa las ovejas de las cabras, enviando las ovejas al cielo y las cabras al infierno. Jesús habló en privado con sus discípulos cuando le preguntaron sobre los acontecimientos del "fin de los tiempos". Jesús les dijo:

> Oirán hablar de guerras y rumores de guerras, hambrunas y terremotos, pero estos son sólo dolores de parto. Habrá tribulaciones y muchos los odiarán por cuanto me seguís. Muchos caerán y traicionarán a otros, y los falsos profetas desviarán a muchos. El fin vendrá después de que el evangelio sea predicado a todas las naciones. Cuando veas al Anticristo de pie en el templo, como predijo Daniel, debes huir lo más rápido que puedas. La persecución será como ninguna otra, y si no se acortara el tiempo, nadie sobreviviría. Los falsos profetas te dirán que Jesús ha regresado y que el fin se acerca, pero no les creas, porque estas cosas deben suceder primero.

Los cristianos pensaron que Jesús regresaría pronto como rey para salvarlos del abuso y la persecución. Su esperanza no era evitar tiempos terribles, sino que pronto estarían con Jesús. Contó parábolas sobre cómo estar preparado para su regreso.

Pero a finales del primer siglo d.C., estaba claro que Jesús no regresaría pronto. Los Romanos habían destruido Jerusalén y el Templo, y según las predicciones sobre el regreso del Mesías, ambos necesitaban existir. Nadie sabía cuándo se cumplirían las predicciones sobre cuándo regresaría, eliminaría el mal y juzgaría a todos los que vivían en el mundo. Durante su ministerio, Jesús contó una parábola sobre la coexistencia del bien y del mal.

> El reino de los cielos es como lo que le sucedió a un granjero que sembró buenas semillas de trigo en su campo. Mientras todos dormían, su enemigo plantó semillas de malas hierbas en el campo y se fue silenciosamente. Cuando brotó el trigo, apareció también la cizaña. Los trabajadores del granjero le preguntaron: "¿No sembraste buena semilla en tu campo? ¿De dónde vinieron las malas hierbas?
>
> El granjero respondió: "Un enemigo hizo esto".
>
> Los sirvientes le preguntaron al hombre: "¿Deberíamos arrancar la maleza?"
>
> El granjero dijo: "No, si arrancas la cizaña, también arrancarás parte del trigo. Deja que ambos crezcan juntos hasta la cosecha. Luego ordenaré a los segadores que recojan la cizaña y la aten en manojos para quemarla. Luego recogerán el trigo y lo traerán a mi granero".

Por lo tanto, es posible que Jesús no regrese hasta dentro de mucho tiempo. Mientras tanto, los creyentes conviven con los que no son creyentes y vivirán en la tierra con su ciudadanía en el cielo. Las iglesias son como pequeñas colonias que muestran al resto del mundo un poco de cómo será el cielo. El reino de Dios ha llegado en parte, pero será completo cuando Jesús regrese y el mal sea destruido.

Muchas predicciones se han hecho realidad sobre los israelitas y el Mesías, pero todavía hay algunas predicciones sobre lo que sucederá en el futuro que aún no han sucedido. Estas predicciones se relacionan principalmente con el regreso del Mesías al "fin de los tiempos" y la separación de las personas que irán al cielo o al infierno. Algunas de las predicciones son altamente simbólicas y están llenas de imágenes vívidas, y los profetas que las recibieron de Dios no sabían lo que querían decir. Debido a la persecución en curso, los cristianos estaban interesados en cualquier detalle que pudieran obtener sobre cuándo podría terminar su dolor. Aguantaron con esperanza en lugar de sentir lástima de sí mismos.

Cerca del final del primer siglo, Juan, el pescador que fue uno de los primeros discípulos, era pastor en Éfeso. Resistió a los Romanos que querían matar a los cristianos porque no juraban lealtad al emperador ni lo adoraban (Daniel enfrentó esta situación cuando no adoraba al rey Nabucodonosor). Al final, los Romanos enviaron a Juan a vivir solo en la isla griega de Patmos.

Dificultad para comprender la literatura apocalíptica

Cuando Juan estaba en Patmos, escribió el libro de Apocalipsis usando un tipo de literatura popular en ese momento que se relacionaba con la destrucción del mundo (el apocalipsis). La literatura apocalíptica utilizaba un lenguaje altamente simbólico, como animales extraños y números especiales, y por lo general carecía de detalles importantes. El contenido era difícil de entender y podía significar muchas cosas diferentes. Este tipo de literatura fue utilizada por algunos profetas del Antiguo Testamento y autores del Nuevo Testamento.

Los cristianos eran perseguidos por no obedecer las leyes romanas que violaban los principios de su fe.[6] Juan quería comunicarse con los miembros de la iglesia a distancia, pero era peligroso para él ser claro en sus cartas. Dado que las vidas de quienes recibían la carta podían estar en peligro si la carta era leída por funcionarios Romanos, Juan usó términos que tenían doble significado o que sólo serían entendidos por los creyentes. Era similar a cómo un equipo atlético o miembros de una comunidad clandestina

---

[6] En la última década del primer siglo, el emperador romano Domiciano persiguió severamente a los cristianos y se dio a sí mismo el título de "Señor y Dios" y quería que todos lo adoraran.

usan signos y términos secretos para comunicarse entre sí: sus palabras estaban codificadas y no debían tomarse literalmente. Por ejemplo, habló de los males de Babilonia, pero en realidad estaba hablando de los males del imperio Romano. A menudo usaba el número siete para simbolizar la plenitud (siete ciudades y colinas, siete sellos, siete estrellas, siete trompetas).

Aliento a Siete Iglesias

Los primeros tres capítulos del Apocalipsis estaban dirigidos a siete iglesias en Asia Menor, comenzando con Éfeso. Las ciudades estaban conectadas por una carretera principal y la carta debía enviarse a la siguiente iglesia a lo largo de una ruta circular.

La persecución había hecho que los creyentes en cada ciudad transigieran sus creencias y acciones para mezclarse con los no creyentes. Juan escribió para animarlos a resistir la tentación de adorar al emperador Romano y mantenerse fieles a sus creencias. Los creyentes deben tener esperanza porque Dios está a cargo y eventualmente ganará la guerra contra el mal.

Juan ajustó sus mensajes a la situación específica que enfrentaba cada iglesia local. Por ejemplo, Laodicea era una ciudad próspera y la gente de su iglesia era perezosa y autosuficiente. Aunque la ciudad era un centro bancario, Juan dijo que la iglesia era espiritualmente pobre; aunque la ciudad producía hermosas ropas, Juan dijo que los creyentes estaban desnudos; Aunque la ciudad tenía una escuela de medicina, dijo que la iglesia era ciega. Las aguas termales de la zona eran buenas para bañarse y el agua fría era refrescante en el calor. El agua caliente que fluía a la ciudad a través de los acueductos se volvió tibia cuando llegó a ellos, y se utilizó agua tibia para provocar vómitos. Juan les dijo a los que estaban en la iglesia estas palabras de Dios:

> Sé que no eres ni fría ni caliente. ¡Porque eres tibio, estoy a punto de escupirte de mi boca! Dices: "Soy rico, he adquirido riqueza y no necesito nada". Pero no te das

cuenta de que eres pobre, ciego y desnudo. Reprendo y disciplino a los que amo.

Pero a pesar de la pereza y el orgullo de la iglesia, Juan le recordó la bondad de Dios. Dios dice: "Estoy a tu puerta y llamo. Si oyes mi voz y abres la puerta, entraré y estaré contigo". El individuo siempre tiene la opción de responder, sin verse obligado, a la invitación a conocer a Dios. Un tema central de las Escrituras es que después del pecado y el juicio, Dios proporciona amor y gracia en lugar de castigo.

El fin de la historia

Después de escribir a las siete iglesias, Juan escribió sobre visiones del futuro que venían de Dios como un mensaje para todos los creyentes. Describió una serie de eventos asociados con el fin de los tiempos cuando Jesús regresará del cielo. Habrá "dolores de parto" que señalarán que se avecinan los acontecimientos finales, y luego ocurrirán los acontecimientos finales.

Juan describió los acontecimientos finales de la historia en términos de una "tribulación" (años de intensa persecución de los cristianos, acompañada de muchos desastres naturales y guerras), una "bestia" (un poder maligno que usa sus poderes contra los cristianos), el Anticristo. (un falso profeta identificado por el número 666),[7] una batalla final entre las fuerzas del bien y del mal en Armagedón (un valle en el norte de Israel), un "milenio" (1000 años de paz) y el regreso de Cristo que derrota a todos. los poderes de las tinieblas y quema todo mal. Entonces el reino de Dios será establecido en el cielo y en la tierra sin que ningún mal esté

---

[7] Se desconoce el significado del 666. Se ha intentado identificar a la persona mediante un sistema de numeración asociado al alfabeto. Muchos eruditos piensan que simboliza lo incompleto (el número 7 simboliza lo completo, por lo que 666 no era exactamente 777), y puede referirse a un emperador romano. Los holandeses pensaron que estaba relacionado con el año en que perdieron una importante batalla naval en 1666. Muchos afirmaron que Adolf Hitler cumplía las condiciones del Anticristo.

presente. La idea de un "arrebatamiento" se basa en otros pasajes bíblicos y no aparece en la revelación de Juan. Este evento es cuando Jesús regresa y los cristianos se elevan al cielo para acompañarlo de regreso a la tierra.

No está claro cómo funcionan juntos todos estos personajes y eventos. Algunas personas creen que primero vendrá el arrebatamiento, luego la tribulación, seguida por la segunda venida de Cristo y el milenio. Luego ocurre una avalancha final del mal, después de la cual Cristo regresa por tercera vez y derrota al mal en una batalla final. Otros creen que los cristianos experimentarán el arrebatamiento *después* de la tribulación; después viene el milenio, seguido del regreso de Cristo y el juicio final. Otro punto de vista es que ya estamos en el milenio y la tribulación vendrá antes del rapto.

Hay una justificación para cada punto de vista y son posibles otras combinaciones. Pero debido a los misterios del simbolismo y la falta de detalles sobre cómo y cuándo sucederán los eventos, nadie sabe realmente cómo se desarrollarán todos estos eventos. Muchos estudiosos creen que los acontecimientos se aplican en un sentido general y pueden interpretarse dentro del contexto de acontecimientos ocurridos en múltiples momentos de la historia, con el punto clave de que los cristianos deben perseverar y tener esperanza en tiempos de extrema dificultad. Desde esta perspectiva, las revelaciones no pretenden predecir eventos específicos en el futuro. Para muchos creyentes, es suficiente saber que hay un final feliz a pesar de un proceso doloroso.

Una señal de que el fin de los tiempos se acerca es la construcción del Templo por tercera vez en Jerusalén. Se predice que el Anticristo servirá en el Templo, sólo para volverse contra los judíos y perseguirlos. Se predice que en los últimos días ocurrirán muchos desastres naturales, como terremotos, hambrunas y cielos oscuros.[8] Juan repitió

---

[8] La creación de la nación de Israel en 1948, después de casi 1.900 años sin un estatus nacional, ha llevado a algunos cristianos y judíos a creer que es una señal de que el fin de los tiempos se

algunos detalles que Isaías y Pablo dijeron que sucederían sobre el regreso de Jesús: aquellos que han muerto volverán a la vida como lo hizo Jesús, y toda criatura, viva o muerta, se inclinará y honrará a Jesús como Rey y Señor del universo.

Se predice que sucederán una serie de cosas horribles antes de que tenga lugar una batalla final entre el bien y el mal. Las fuerzas del bien están dirigidas por un rey resplandeciente, el "León de Judá, la Raíz de David" (Jesús), que era "digno de recibir poder, riqueza, sabiduría, fuerza, honor, gloria y alabanza". Hombres malvados llevarán a cabo diversos desastres naturales, plagas, guerras y terror.

El mal se volverá tan fuerte y se extenderá tanto en el desesperado intento del infierno por derrotar a las fuerzas del bien que Dios habrá visto suficiente y llegará el momento del juicio. Tendrá lugar una batalla entre muchas naciones, y la descripción de la batalla se parece mucho a la guerra moderna: los sonidos de atronadores aviones, bombas y misiles cayendo del cielo, destellos de luz y tierra retumbante, y una destrucción generalizada. Las fuerzas del mal atacan el cielo, pero son derrotadas por el ejército de ángeles de Dios, liderados por el arcángel Miguel. Babilonia es destruida a causa de su inmoralidad, sus religiones falsas y las comodidades del materialismo. Entonces los individuos serán juzgados y los incrédulos serán aplastados como uvas en un lagar. Luego, Dios arroja la mayoría de los poderes malignos a un lago de fuego.

El mal todavía existe pero no tiene influencia en la tierra, lo que conduce a un largo período de paz. Esto muestra a la gente cómo puede ser la vida sin la influencia del mal. Más tarde, Satanás será desatado y las fuerzas del mal rodearán al pueblo de Dios, pero Satanás y todas las fuerzas del mal restantes serán arrojados a un lago de fuego donde serán atormentados continuamente por la eternidad; finalmente obtendrán lo que merecen.

---

acerca. Los desastres naturales más graves y los cambios en el clima mundial respaldan sus creencias.

Un cielo nuevo y una tierra nueva

Los que estén en el cielo se regocijarán por la destrucción del mal y cantarán: "Aleluya, porque reina el Señor Dios Todopoderoso". La ciudad santa de Jerusalén será restaurada en la tierra, y la morada de Dios (el cielo) estará entre el pueblo. El rey en su trono dice:

> No habrá más lágrimas en sus ojos ni más muerte ni llanto ni dolor. ¡Las cosas viejas han pasado y todo lo he hecho nuevo! Se hace. Yo soy el Alfa y la Omega, el Principio y el Fin. Al sediento le daré agua gratis del manantial del agua de la vida. Los vencedores heredarán todo esto. Yo seré su Dios y ellos serán mis hijos.

Los cimientos y murallas de la ciudad santa son espectaculares. No hay sol ni luna porque la gloria de Dios siempre proporciona luz y no hay oscuridad. Aquellos cuyos nombres estén en el libro de la vida vivirán como la novia de Dios para siempre. Como en el libro de Job, el dolor y el sufrimiento del pueblo de Dios terminan, y la perseverancia de los fieles resulta en un final feliz. Las batallas espirituales terminan y hay una victoria total cuando el mal es destruido. para siempre.

Juan termina escribiendo que fue Jesús quien le dijo que escribiera sobre su visión a la iglesia. Jesús les dice a todos: "Vengo pronto. Los que tengan sed, que vengan a mí". Amén.

EPÍLOGO

Apocalipsis fue el último libro escrito por un testigo ocular de la vida de Jesús que se incluyó en la Biblia. El movimiento cristiano creció rápidamente en todo el Imperio Romano gracias en parte a los 200 años de paz en el imperio y a un excelente sistema de carreteras. Esto facilitó que las personas viajaran con seguridad en largas distancias. Los judíos se dispersaron por todo el imperio después de la destrucción de Jerusalén en el año 70 d.C., y se llevaron consigo una comprensión del Dios de Abraham y la historia de los israelitas y sus profetas. Esto hizo más comprensibles los mensajes de quienes difundían noticias sobre Jesús.

Aunque el cristianismo era una religión ilegal y muchos creyentes fueron asesinados en todo el imperio, un relato escrito alrededor del año 200 d.C. decía que los cristianos "llenaron las ciudades, islas, fortalezas, pueblos, mercados, el ejército mismo, tribus, compañías, el Palacio Imperial, el Senado, el Foro". En otras palabras, los cristianos estaban en todas partes.

Justino Mártir intentó convencer al gobierno Romano de que los cristianos eran buenos ciudadanos, aunque no adorarían a los dioses Romanos, pero fue asesinado con algunos de sus discípulos en el año 165 d. C. Otros líderes cristianos fueron perseguidos y asesinados de manera espantosa. Debido a la fuerte persecución contra los cristianos, la mayoría de los creyentes en ese momento pensaron que estaban en medio de la tribulación. El Imperio Romano finalmente dejó de perseguir a los cristianos en el año 313 d. C. durante el gobierno de Constantino, pero más de 1.700 años después, los cristianos todavía son perseguidos en algunas partes del mundo.

En 1517, un monje en Alemania llamado Martín Lutero expresó su preocupación por las prácticas e ideas religiosas de la Iglesia Católica Romana. Sus protestas llevaron al movimiento protestante y otros eruditos religiosos iniciaron nuevas formas de iglesia. Desde entonces, se han formado muchos otros grupos protestantes ("denominaciones") basados en sus diferentes puntos de vista religiosos. El poder de la iglesia se redujo a medida que la interpretación de las Escrituras por parte de cada creyente se volvió más aceptable. Si a la gente no le gustaba lo que se enseñaba o cualquier otra cosa que sucediera en su iglesia, simplemente se iban a otra parte o no seguían siendo parte de ninguna iglesia. Mientras tanto, la Iglesia Católica ha sido dirigida por una persona (el Papa) y se ha mantenido intacta mientras cambia algunas de sus tradiciones con el tiempo.

En los últimos 200 años, algunos grupos de cristianos han mostrado más interés en difundir las noticias sobre Jesús por todo el mundo, a menudo brindando servicios a otros, como educación y atención médica. Las últimas palabras de Jesús en la tierra ordenaron a los creyentes "hacer discípulos de todas las naciones" (la "Gran Comisión" que se encuentra en Mateo 28:19-20). La palabra *nación* se aplica a diferentes tipos de personas, no a gobiernos, y este mandato ha motivado a algunos cristianos a encontrar grupos de personas en áreas remotas del mundo que aún no han escuchado las historias sobre Jesús y a comunicarles estas historias en términos que les resulten familiares para entender.

A principios del siglo XIX, un predicador llamado Charles Finney inició un movimiento de avivamiento para lograr que la gente regresara a la iglesia y convertirla al cristianismo. Utilizó diferentes métodos para aumentar el número de conversos y una nueva forma de definir un cristiano y una iglesia exitosa en relación con la cantidad de personas que deciden seguir a Jesús.

En los últimos 150 años, las iglesias protestantes en los Estados Unidos han diferido significativamente en su enfoque de diversas cuestiones sociales, como la esclavitud y las relaciones raciales, y cuestiones religiosas, como la veracidad de las Escrituras y la importancia de cuidar los derechos de las personas. necesidades físicas. Estas diferencias han llevado a muchas divisiones dentro de la iglesia. La etiqueta *cristiana ahora* significa muchas cosas diferentes.

Aquellos que se llaman a sí mismos cristianos representan alrededor del 30% de la población mundial, lo que convierte al cristianismo en el grupo religioso más grande del mundo. Aproximadamente la mitad de los 2.400 millones de cristianos son católicos y la mayoría de los cristianos se encuentran en África, Asia y América Latina. Los musulmanes representan el segundo grupo religioso más grande (alrededor del 25% de la población mundial) y el Islam tiene la tasa de crecimiento más rápida entre las principales religiones del mundo.

PERSPECTIVA DEL AUTOR

Los primeros capítulos de la Biblia describen la hermosa creación de Dios que fue dañada por fuerzas del mal. A las personas se les dio la capacidad de distinguir entre el bien y el mal y la libertad de elegir su propia forma de vivir. Aquellos que son egoístas y no siguen a Dios eventualmente se dañan a sí mismos y a los demás. Dios siempre perdona y ama a todas las personas, aunque nadie sea perfecto. El apoyo de Dios a las personas a menudo ayuda a quienes no creen, mientras que, al mismo tiempo, el mal en el mundo afecta a quienes siguen a Dios. La vida no es justa y muchas veces no sabemos qué pasará en nuestras vidas.

Las fuerzas del mal todavía existen

Las predicciones hechas en el Apocalipsis sobre la destrucción del mal obviamente aún no se han cumplido. Muchas cosas malas en el mundo todavía causan dolor, sufrimiento y muerte. Las fuerzas del mal afectan silenciosamente muchos aspectos de la vida y tratan de perturbar las fuerzas del bien en los individuos y en la sociedad. La mezquindad y la injusticia siguen siendo signos de malas influencias en el mundo.

Pablo les dijo a los de Éfeso: "Nuestra lucha es contra principados y potestades, y contra las fuerzas espirituales del mal" (Efesios 6:12). Los caminos del mal pueden ser atractivos: Satanás se hace pasar por "un ángel de luz" e influye en las personas para que sigan el camino equivocado. El resultado final de una acción malvada suele ser alguna forma de dolor terrible, y nadie sabe cuándo terminará el mal en este mundo.

Aquellos que siguen y practican las enseñanzas de Jesús representan el reino de los cielos para los demás en la tierra. Así como los embajadores de hoy en otros países no obedecen las leyes que violan las leyes y requisitos de su país de origen, los cristianos deben vivir en este mundo, pero no violar los requisitos de Dios. Individualmente y como grupo, los cristianos deben ser ejemplos del amor y el perdón de Dios. El pueblo de Dios, la iglesia, debe tener una manera diferente de pensar y actuar. Los cristianos son la "prueba A" de Dios para el mundo sobre cómo las personas deben vivir en la tierra y promover la paz en medio del conflicto.

Ser embajador de Dios es muy desafiante

Ser un embajador eficaz no es una tarea fácil. Los cristianos no son ejemplos perfectos y la iglesia es constantemente atacada por fuerzas malignas que intentan minimizar los esfuerzos de los creyentes y las organizaciones que crean. Una estrategia utilizada por las fuerzas del mal es reducir la influencia y los mensajes de la iglesia creando divisiones, distracciones y dudas y haciendo que las cosas menores sean importantes mientras que las más importantes se ignoran. Como resultado, los cristianos a menudo hablan de ideas religiosas, pero no actúan con amor.

Otra forma en que el mal afecta a la iglesia es influyendo lentamente en los cristianos para que adopten la cultura local. Pablo advirtió a los cristianos que no debían dejar que el mundo "los apretujara lentamente dentro de su propio molde" y les dijo que "sean transformados renovando constantemente su mente" (Romanos 12:2). El mundo piensa que el éxito se define por la riqueza, la salud y la vida cómoda de una persona. Según esta definición, muchos cristianos tienen éxito, pero ninguno de ellos proporciona felicidad duradera o gozo interior, y ninguno es una medida válida del éxito espiritual.

Relativamente pocos creyentes hacen una diferencia significativa en el mundo porque esto requiere seguir las prioridades de Dios. Marcar la diferencia requiere auto sacrificio, a veces hasta el punto de la muerte. Todos debemos decidir qué hacer con nuestras vidas, para qué vivir y por qué morir. Seguir a Jesús requiere que las personas hagan sacrificios y ayuden a los demás.

La parábola de Jesús del granjero que sembró semillas, descrita en el capítulo 10, analiza este desafío. Dos de los tres tipos de semillas que echan raíces no producen cosecha. Un tipo se refiere a aquellos que se apartan cuando las cosas se ponen difíciles porque aún no están maduros en su fe. El otro tipo se refiere a aquellos que están ahogados por las preocupaciones, las riquezas y los placeres de la vida. ¡Hacer una diferencia en el mundo es un desafío!

Los cristianos están llamados a luchar contra las fuerzas del mal con amor y compasión y a promover la justicia para todas las personas. Dios requiere que las personas "actúen con justicia, amen la bondad y caminen humildemente con Dios" (Miqueas 6:8). Jesús condenó a los fariseos por hacer de su religión un espectáculo, pero no hacer estas tres cosas. De hecho, Jesús sólo se enojaba cuando hablaba con líderes religiosos que decían una cosa, pero hacían otra, juzgaban duramente a los demás y utilizaban la religión para promover sus propios intereses.

El mensaje de Miqueas es simple, pero vivirlo es muy difícil. Sólo es posible a través del proceso lento y constante de llegar a ser más como Jesús y siendo guiado por el espíritu de Dios a actuar de maneras que brinden sanación y esperanza a los demás. La tarea es más fácil cuando otros apoyan a quienes hacen estas cosas. El reino de Dios en la tierra creció rápidamente porque los primeros cristianos amaban a los demás de maneras inusuales. Eran las ovejas que alimentaban a los hambrientos, daban de beber a los sedientos, invitaban a entrar al extraño, vestían a los desnudos, cuidaban a los enfermos y visitaban a los encarcelados. La verdadera fe y creencia se muestran a través de las acciones de uno, no por lo que una persona dice.

Los cristianos que reflejan el carácter de Dios exhiben ciertos tipos de "frutos". Pablo dijo a los primeros creyentes: "El fruto del Espíritu es amor, gozo, paz, paciencia, bondad, fidelidad, mansedumbre y dominio propio" (Gálatas 5:22-23). Aquellos que se llaman cristianos, pero no exhiben estos frutos no son buenos modelos a seguir. Conoceremos a los cristianos maduros por su amor a los demás, no por lo que dicen creer.

¿Vale la pena?

He encontrado una profunda felicidad y significado al estudiar los acontecimientos y las enseñanzas de la Biblia y al llevar una vida que sirva a los demás. Mis creencias se demuestran a través de mis acciones, y las experiencias de mi vida y las de otros me han convencido de que Dios es muy real y Jesús es el mejor ejemplo a seguir.

Mi vida se ha desarrollado de maneras no planificadas y ha sido una aventura increíble. Me mantuve abierto a todas las posibilidades y, como Abram cuando fue llamado por Dios mientras vivía en Ur, escuché y actué sin saber a dónde iba. No he tenido miedo de correr riesgos y quiero que mi vida tenga sentido. Ahora miro hacia atrás y veo cómo y por qué Dios cerró puertas que yo perseguía mientras abría otras que eran más compatibles con los planes de Dios. La mano invisible de Dios me ha bendecido toda mi vida. He experimentado sufrimientos humanos normales, pero también me he librado de penurias y tentaciones extremas. Cuando experimenté milagros, llegaron en el momento justo. Me convencieron de que Dios siempre está presente, así que no tengo que preocuparme.

No necesito pruebas científicas contundentes de la existencia de Dios para creer o actuar, porque "no todo lo que cuenta se puede contar" (cita atribuida a Albert Einstein). Hay una cantidad abrumadora de evidencia de la presencia de Dios en el mundo. Yo y muchos otros hemos experimentado cosas que no tienen explicación lógica.

Mi fe y mis experiencias me dan esperanza para el futuro y la inspiración y energía para amar a los demás sin esperar nada a cambio. Cuanto más vivo, más convencido estoy de que el amor y el servicio son lo que el mundo necesita ahora más que nunca, incluso si no hay recompensa después de la muerte. Jesús es una luz guía confiable pero invisible. Usó su poder para el bien de los demás, no para sí mismo. Aquellos que estudien y sigan su ejemplo de amor, servicio, perdón, humildad y gracia mientras viven en un mundo violento harán del mundo de hoy un lugar mejor.

Una vida de servicio puede ser agotadora y peligrosa, pero no tiene por qué conducir al agotamiento. Las ramas de un árbol no luchan por producir frutos: simplemente permanecen conectadas al árbol vivo. Cuando una persona tiene sed de agua dulce en un desierto seco, busca un pozo y hace girar la manija de una bomba una y otra vez hasta que sale agua. Siempre que la línea de la bomba se adentre profundamente en agua dulce, el uso de la bomba produce agua fácilmente. La bomba es un instrumento para bendecir a los necesitados y continúa funcionando sin importar cuántas veces se la haga girar. El secreto para mantenerse fresco para un servicio constante es permanecer conectado a la fuente viva de agua que sustenta la vida.

La vida cristiana puede ser arriesgada. Decir la verdad, especialmente a quienes están en el poder, es necesario para que el mundo sea un lugar mejor. He tenido varios trabajos en los que decir la verdad al poder acabó con esa carrera. Pero hacerlo también resultó en una vida mejor para los individuos y la sociedad. A lo largo de la historia, aquellos que han dicho la verdad a veces han perdido sus trabajos, han sido arrestados y encarcelados e incluso han sido asesinados. Aquellos que permanecen conectados con la fuente viva tienen el coraje de decir la verdad con amor y defender lo que es correcto. Tomar riesgos puede conducir al fracaso a los ojos de los demás, pero Dios usa a las personas imperfectas y sus debilidades para lograr los cambios deseados. De esa manera, Dios obtiene la gloria, y aquellos que obedecen a Dios nunca fallan.

Si este libro le insta a saber más sobre la Biblia y sus mensajes, considere contarle a un amigo cristiano en quien confíe por qué desea saber más. Pídales que sugieran otros libros para leer, tal vez una versión parafraseada de la Biblia, como la *Nueva Traducción Viviente*. También considere contactar a uno o dos pastores o sacerdotes cerca de usted y déjeles saber sus intereses y por qué los contactó. Pregúnteles cuáles creen que son los mensajes principales de la Biblia y sobre las reuniones que celebran. Considere asistir a varias reuniones como visitante; cada reunión tiene su propia "sensación" y cultura, así que vea cuál le parece adecuada. En conjunto, estos pasos le ayudarán a continuar su viaje y a decidir qué hacer a continuación.

APÉNDICES

APÉNDICE A
Un libro en la Biblia

El número de "capítulos" de cada libro se indica entre paréntesis.

Viejo Testamento (39 libros)

Génesis (50)
Éxodo (40)
Levítico (27)
Números (36)
Deuteronomio (34)
Josué (24)
Jueces (21)
Rut (4)
1 Samuel (31)
2 Samuel (24)
1 Reyes (22)
2 Reyes (25)
1 Crónicas (29)
2 Crónicas (36)
Esdras (36)
Nehemías (13)
Ester (10)
Job (42)
Salmos (150)
Proverbios (31)
Eclesiastés (12)
Canción de Salomón (8)
Isaías (66)
Jeremías (52)
Lamentaciones (5)
Ezequiel (48)
Daniel (12)
Oseas (14)
Joel (3)

Amós (9)
Abdías (1)
Jonás (4)
Miqueas (7)
Nahúm (3)
Habacuc (3)
Sofonías (3)
Ageo (2)
Zacarías (14)
Malaquías (4)

Nuevo Testamento (27 libros)

Mateo (28)
Marcos (16)
Lucas (24)
Juan (21)
Hechos (28)
Romanos (16)
1 Corintios (16)
2 Corintios (13)
Gálatas (6)
Efesios (6)
Filipenses (4)
Colosenses (4)
1 Tesalonicenses (5)
2 Tesalonicenses (3)
1 Timoteo (6)
2 Timoteo (4)
Tito (3)
Filemón (1)
Hebreos (13)
Santiago (5)
1 Pedro (5)
2 Pedro (3)
1 Juan (5)
2 Juan (1)
3 Juan (1)
Judas (1)
Apocalipsis (22)

APÉNDICE B
CRONOLOGÍA DE LOS PRINCIPALES PERSONAJES Y ACONTECIMIENTOS BÍBLICOS
(las fechas son aproximadas)

Viejo Testamento	
Prehistoria	
• Adán y Eva	Creación del mundo
• Noé	Gran inundación
Patriarcas (1850-1240 a. C.)	
• Abraham y Sara	Promesas de llegar a ser el pueblo de Dios
• Isaac y Rebeca	Isaac bendice a Jacob
• Esaú, Jacob, Raquel, Lea	Jacob se va y luego regresa a Canaán.
• Jacob y sus 12 hijos	Jacob y su familia se mudan a Egipto
• Moisés y Aarón	Éxodo de Egipto, Dios da leyes
• Josué	Los israelitas entran y ocupan Canaán.
Jueces y opresores (1240-1050 a. C.)	
• Débora y Barac	Victoria sobre los cananeos en Hazor
• Gedeón	Victoria sobre los asaltantes del este
• Jefté	Victoria sobre los amonitas
• Sansón	Victoria sobre los filisteos
• Elí y Samuel	Batallas con los filisteos
• Booz y Rut	El hijo de un extranjero precede al rey
Reyes (1050-930 a. C.)	
• Saúl	Primer rey de Israel con muchos defectos
• David	El héroe y rey israelita más famoso
• Salomón	Rey sabio expande el territorio de Israel
Reino dividido (930–586 a. C.)	
• Amós, Elías, Eliseo, Isaías	La gente del Reino del Norte finalmente fue esclavizada por los asirios (722 a. C.)
• Isaías, Miqueas, Jeremías	El pueblo del Reino del Sur (Judá) finalmente fue exiliado a Babilonia
Exilio y regreso (586-400 a. C.)	
• Ezequiel y otros profetas	Los judíos se instalan en Babilonia, muchos regresan
• Daniel y Ester	Los judíos exiliados prosperan en Babilonia y Persia
• Esdras y Nehemías	Jerusalén y el Templo son reconstruidos

Nuevo Testamento	
El nacimiento y la preparación de Jesús (5 a.C.-7 d.C.)	
• María, José y Jesús	Dios se hace humano
• Juan el Bautista	Las predicciones del Mesías se hacen realidad
El ministerio de Jesús (25-28 d.C.)	
• Doce discípulos	Los milagros atraen a grandes multitudes
• Líderes religiosos judíos	Nuevas ideas desafían las reglas existentes
• Líderes políticos Romanos	Jesús es asesinado pero vuelve a la vida.
Los líderes difunden buenas nuevas (28–95)	
• Doce discípulos	Las noticias sobre Jesús se difunden en Israel
• Saúl (Pablo)	Las buenas nuevas se extienden a los gentiles
• Creyentes en Asia y Europa	Los apóstoles alientan a las iglesias en dificultades

APÉNDICE C
ALINEACIÓN CON LOS
LIBROS DE LA BIBLIA

Los capítulos de este libro proporcionan los puntos principales de los libros bíblicos que se muestran en la siguiente tabla.

Capítulo	Libros de la Biblia
1	Génesis, Éxodo 1–14
2	Éxodo 15–40, Levítico, Números, Deuteronomio, Josué
3	Jueces, Rut, 1–2 Samuel, 1 Reyes, 1–2 Crónicas
4	2 Reyes, Amós, Oseas, Isaías, Miqueas
5	Jeremías, Joel, Sofonías, Abdías, Nahúm, Habacuc, Lamentaciones
6	Ezequiel, Daniel, Ageo, Zacarías, Ester, Esdras, Nehemías, Malaquías
7	Proverbios, Eclesiastés, Job, Jonás, Cantares de los Cantares, Salmos
8	Lucas 1–5, Juan 1, Mateo 1–4
9	Lucas 5–10,18–21, Juan 2–5, Mateo 8–9,11–12,14–15,17
10	Lucas 11–21, Juan 6–9, Mateo 5–7,10–25, Marcos
11	Lucas 22–24, Juan 10–21, Mateo 26–28, Hechos 1
12	Hechos 1–11
13	Hechos 12–20
14	Hechos 21–28
15	Gálatas, 1–2 Tesalonicenses, 1–2 Corintios, Romanos, Colosenses, Efesios, Filipenses, Tito, Filemón, 1–2 Timoteo
16	1–2 Pedro, Santiago, Judas, 1–3 Juan, Hebreos
17	Mateo 13,24, Revelación

APÉNDICE D
VERSÍCULOS DE LAS
ESCRITURAS CITADOS

Las secciones citadas de este libro son paráfrasis de los versículos de las Escrituras que se encuentran en el Antiguo y el Nuevo Testamento. La mayoría de las citas se acercan más a la Nueva Versión Internacional (NVI) de la Biblia y se enumeran en el orden en que aparecen en este libro.

Capítulo	Biblia libro, capítulo, versículo		
1	Génesis	12	2–3
1	Génesis	22	12, 17-18
1	Génesis	27	28–29
1	Génesis	45	4–10
1	Éxodo	3	4-17
1	Éxodo	5	1
2	Éxodo	19	3–6
2	Éxodo	20	1–17
2	Levítico	19	18
2	Números	14	18
2	Números	33	51–53, 55–56
2	Deuteronomio	4	25–27, 29–31
2	Deuteronomio	6	4–5
2	Deuteronomio	9	5–6
3	Jueces	16	28
3	Piedad	1	16-17
3	Piedad	2	10-13
3	1 Samuel	1	11
3	1 Samuel	15	22-23
3	1 Samuel	16	7
3	1 Samuel	17	34–36, 45–46
3	2 Samuel	7	9, 12, 16
3	2 Samuel	12	7-11
4	1 Reyes	18	27, 36, 39
4	Oseas	12	6
4	Isaías	1	11, 13, 15-17
4	Isaías	28	17
4	Isaías	17	13

Capítulo	Biblia libro, capítulo, versículo		
4	Isaías	40	31
4	Isaías	42	16
4	Isaías	43	1–2, 19
4	Isaías	53	3–5, 7, 9–12
4	Isaías	58	1–10
4	Isaías	61	1–3
4	Isaías	2	2–4
4	Miqueas	6	8
4	Miqueas	7	18
5	Jeremías	1	5, 7–8
5	Nahúm	1	3, 7
5	Habacuc	2	4
6	Jeremías	29	5–7
6	Ezequiel	36	22–23, 26–27
6	Ezequiel	37	24
6	Daniel	2	27–28, 47
6	Daniel	3	16-18
6	Daniel	6	16, 22
6	Ageo	2	4–7
6	Zacarías	2	4
6	Zacarías	7	9-14
6	Zacarías	8	16, 23
6	Ester	3	8–9
6	Ester	4	16
6	Malaquías	3	1–7
7	Proverbios	3	35
7	Eclesiastés	1	2, 9, 14
7	Job	1	1, 3, 21
7	Job	2	9, 10
7	Job	19	25–26
7	Job	27	4–6
7	Jonás	4	2, 8-11
7	Salmo	1	1–6
8	Lucas	1	30–33
8	Mateo	1	20-23
8	Lucas	2	10–12, 14
8	Mateo	2	15
8	Lucas	2	48–49
8	Mateo	3	2–3
8	Lucas	3	4–5, 7–9, 11, 14, 16–17, 22

Capítulo	Biblia libro,	capítulo,	versículo
8	Juan	1	23, 29
8	Mateo	3	14-15, 17
8	Mateo	4	3–4, 6–10
8	Lucas	4	3–4, 6–12
8	Lucas	4	18–19, 21, 23–29, 34–35
8	Mateo	4	17
8	Lucas	5	5, 8
8	Juan	1	46
9	Juan	4	9, 14, 17–18, 23, 26, 29
9	Juan	3	3–21
9	Lucas	18	22-27
9	Lucas	19	8–10
9	Juan	2	4, 10
9	Marcos	2	9-11
9	Mateo	9	5–6
9	Lucas	7	6–8
9	Mateo	8	10, 13
9	Juan	5	8
9	Mateo	15	24–28
9	Mateo	8	29, 32
9	Lucas	8	28, 30
9	Juan	11	21, 25–27, 41–43
9	Lucas	5	31–32, 34–38
9	Juan	2	16, 19-20
9	Mateo	14	31
9	Mateo	8	26
9	Lucas	10	5
9	Mateo	11	3–5, 10
10	Mateo	15	7–9, 17–20
10	Marcos	7	6–8, 15, 18–23
10	Lucas	11	39, 41
10	Marcos	2	25–27
10	Mateo	12	3–7, 11
10	Lucas	6	9
10	Lucas	10	27–37
10	Lucas	15	4–10, 24, 29–32
10	Mateo	20	15-16
10	Mateo	18	23–34
10	Mateo	13	3–8, 18–23
10	Mateo	5	3–10

Capítulo	Biblia libro, capítulo, versículo		
10	Mateo	5	11–16, 21–24, 27–30, 38–47
10	Mateo	6	1–4, 19–20, 25–27, 33–34
10	Mateo	7	1–5, 12–27, 7–11
10	Mateo	11	25-30
10	Juan	8	19, 31-32
10	Juan	6	32, 35, 37, 53–58, 68–69
10	Mateo	10	37
10	Lucas	14	28–31
10	Mateo	10	16–23, 28, 32–33, 39
10	Mateo	25	21, 26–27, 34–45
10	Lucas	18	10-14
10	Mateo	21	38, 41–43
10	Marcos	12	14-17
11	Juan	6	35
11	Juan	11	25
11	Juan	10	1–18
11	Zacarías	9	9
11	Mateo	21	9
11	Juan	13	12-15
11	Lucas	22	19–20
11	Mateo	26	26–28
11	Marcos	10	42–45
11	Mateo	26	2, 31–34
11	Juan	13	33–35, 37–38
11	Juan	14	2–12, 16–19, 26
11	Juan	15	1–8, 18
11	Juan	16	33
11	Mateo	26	39–42, 45–46, 55–56
11	Mateo	26	63–68, 73
11	Mateo	27	11, 13, 21-23
11	Juan	19	7
11	Lucas	23	21
11	Juan	19	30
11	Mateo	27	24–25, 40, 42
11	Lucas	23	34, 39–43, 46
11	Mateo	27	46
11	Lucas	24	7
11	Juan	20	13-16
11	Lucas	24	25–26, 36, 38–39
11	Juan	20	27–29

Capítulo	Biblia libro,	capítulo,	versículo
11	Lucas	24	44–47
11	Mateo	28	18-20
11	Juan	21	16
11	Hechos	1	7–8
12	Hechos	2	22–24, 30–32, 36, 38, 40
12	Hechos	3	6, 12-16
12	Hechos	4	9–12
12	Hechos	5	28–31, 36–39
12	Hechos	7	56
12	Hechos	9	4–6, 15, 17
12	Hechos	8	32–33
12	Hechos	10	15, 28–29, 34–36, 42–43
12	Hechos	11	17
13	Hechos	13	46–47
13	Hechos	14	11, 15-17
13	Hechos	15	7–11, 17
13	Hechos	16	17–18, 28, 31
13	Hechos	17	22-23
13	Hechos	19	13, 15, 28, 34
14	Hechos	22	25
14	Hechos	23	6, 11
14	Hechos	28	26–28
15	Gálatas	5	14, 16-23,
15	Gálatas	6	1–4, 9–10
15	1 Tes.	4	3, 11-12
15	1 Tes.	5	13-18
15	1 Corintios	1	27
15	1 Corintios	3	1–6, 10
15	1 Corintios	5	9-13
15	1 Corintios	7	9
15	1 Corintios	2	16
15	1 Corintios	9	19–23
15	1 Corintios	10	13
15	1 Corintios	14	18-19
15	1 Corintios	12	16–24, 26
15	1 Corintios	13	1–13
15	1 Corintios	15	51–52, 54–55
15	2 Corintios	12	7, 9
15	Romanos	3	11–12, 20, 22–23
15	Romanos	5	12-17

Capítulo	Biblia libro,	capítulo,	versículo
15	Romanos	8	28, 31, 38
15	Romanos	5	3–4, 12, 17
15	Romanos	12	2–21
15	Romanos	13	1,7
15	Colosenses	1	15-20
15	Colosenses	2	20-23
15	Colosenses	3	5–10, 12–14
15	Colosenses	4	5–6
15	Efesios	2	1–6, 8–9, 11–22
15	Efesios	5	21-29
15	Efesios	6	1–9, 12
15	Filipenses	2	2-11
15	Filipenses	4	6–8, 11–13
15	1 Timoteo	6	6–10, 17–19
16	1 Pedro	2	9, 20
16	1 Pedro	3	3–4, 15
16	1 Pedro	4	8
16	1 Pedro	5	8–9
16	2 Pedro	1	5–8
16	Santiago	1	2–7, 13–17, 22, 26–27
16	Santiago	2	1–4, 8–9, 20–24
16	Santiago	4	4, 13-15
16	Santiago	5	1–5, 16
16	1 Juan	3	16-18
16	1 Juan	4	7–8, 18–21
16	Hebreos	1	1–4
16	Hebreos	4	12-15
16	Hebreos	10	24
16	Hebreos	11	1, 3, 8, 11, 13, 16, 26–40
16	Hebreos	12	1–2, 12
17	Mateo	24	6–16, 22–24
17	Mateo	13	24–29
17	Revelación	3	15–17, 19–20
17	Revelación	5	5, 12
17	Revelación	19	6
17	Revelación	21	4–7
17	Revelación	22	12–13, 17, 20
Epílogo	Mateo	28	19–20

Sobre el Autor

Peter J. Bylsma obtuvo una licenciatura en psicología *magna cum laude* de Wheaton College (IL), así como una maestría en administración pública y un doctorado en liderazgo y políticas educativas de la Universidad de Washington (Seattle). El Dr. Bylsma trabajó 10 años en agencias cristianas antes de trabajar 30 años en puestos de servicio público a nivel internacional, nacional, estatal y local. Ha investigado muchos temas de manera objetiva y ha resumido los problemas para personas ocupadas. Ha vivido en siete estados y otros cuatro países y ahora vive con su esposa en la región de Puget Sound en el estado de Washington.

El Dr. Bylsma es el autor de *La Biblia Corta* y sus versiones relacionadas en inglés y otros idiomas, y es el presidente de la Fundación Bylsma y Byblio Press. La información sobre el autor, sus libros y la Fundación está disponible en *www.bylsmafoundation.org* .